복지는 정치다

연대하는 시민의 정치참여

과천 시민선거인단 이야기

복지는 정치다

연대하는 시민의 정치참여

과천 시민선거인단 이야기

안수정 · 강상준

KNOWLEDGE COMMUNITY 공동체

| 들어가며 |

모든 만물이 왕의 소유였던 신법의 시대가 끝나고 자유롭게 사유하는 인간이 행복을 추구하는 자연법 시대를 살고 있다. 인간 사유의 지향점은 행복한 삶이다. 개인의 행복한 삶을 위해 가족과 국가, 시장은 바쁘게 움직인다. 가족은 상호호혜성에 바탕을 두고, 국가는 연대성에 기반하며 시장은 거래라는 메커니즘으로 개인의 행복을 충족시킨다.

개인과 가족은 어떤 조건도 무의미한 혈연관계이기에 논외로 하지만 국가와 시장은 다르다. 근대 이후 공동체 운영 원칙으로 대두된 이념이 정치적으로는 민주주의이고 경제적으로는 자본주의이다. 자본주의를 지배하는 기본 원리는 경쟁이기에 먹고 사는 문제를 담당하는 경제 영역은 약육강식의 동물적 본능이 진리의 기본 바탕에 깔려 있다. 사유와 논쟁의 문제를 담당하는 정치 영역은 토론과 협상의 인간적 본능이 진리의 기본 바탕에 깔려 있다. 정치이념으로서의 민주주의가 되었든 경제이념으로서의 자본주의가 되었든 목적과 지향점은 모든 개인의 행복 달성이다. 인간으로 태어난 이상 인간으로서의 존엄과 가치를 보호받고 자신의 자유로운 의지에 기반해 행복을 추구할 수 있는 권리의 보장은 모든 공동체의 의무이자 시민권 정신이다. 행복을 추구하는 자유로운 존재로서의 '나'를 확신하고 국가라는 공동체에 '모든 나'를 지켜주는 의무가 부여되고 있음을 확신하는 것이 복지의 시작이다.

신분제 사회가 무너지고 민주주의에 의한 국가 운영체제가 확립되면서 국가공동체는 민주적 방식에 의해 운영된다. 헤겔은 국가가 인간의 행복 달성 과정에서 생존과 기본권을 보장하는 방식으로 개인의 삶과 행복에 관여해야 한다고 『법철학』에서 밝힌다. 헌법은 행복추구권을 기본권으로 규정한다. 국가가 모든 시민의 자유로운 행복추구를 보장할 의무가 있음과 동시에 시민은 국가에게 행복 추구 활동이 침해받지 않도록 보호해 줄 것을 요구할 권리가 있기 때문이다. 시민권은 국가의 권위를 인정함과 동시에 권력을 위임하는 정치권이 동반되고 보장되어야 가능하다. 행복 달성을 위한 정책을 민주적 방식으로 형성해야 하기 때문이다. 정치권은 개인의 행복을 달성시키는 정책의 수준, 범위, 근거 등을 결정할 수 있는 핵심 요소이다. 그러므로 시민으로서의 성장에 있어서 정치권에 대한 교육은 필수적 요소이다.

전후 독일이 다시는 나치 시대로 퇴보하지 말자며 보이텔스바흐라는 사회적 합의를 이루게 된다. 보이텔스바흐 합의는 토론, 학습으로 성장한 시민들이 정치적 논쟁을 통해 사회규범과 공동체의 가치체계를 만들어 가는 과정에 목적을 둔다. 그래서 보이텔스바흐 합의는

'정치에 대한 교육의 우선성'을 핵심 가치로 제시한다. 정치적 주체로 성장한 시민은 어떠한 이슈가 발생하게 되면 문제들을 분석하고 그것과 관련된 사람들의 입장과 이해관계에서 생각하게 된다. 물론 자신의 이익 관점을 견지하면서도 사회 전체를 위한 공동 책임을 고려한다. 이를 통해 문제해결에 영향을 줄 수 있는 수단과 방법을 찾게 된다. 특정한 정치이념이나 이해관계에 치우치지 않고 시민들이 바람직한 정치적 주체로 성장하는 데 초점을 두고 있다. 사회적 이슈에 대한 논쟁은 시민으로서 공동체에 능동적으로 참여할 때 가능하다. 사회적 이슈가 공동체의 목표 등과 일치되는지 혹은 갈등하는지를 민주적 공론장에서 적극적으로 토론할 수 있을 때 공동체의 이익은 달성 가능하다.

이러한 시민으로서의 성장 과정이 무시된다는 것은 인간의 본질적 존엄성을 학습하고 체화시킬 기회 자체가 박탈된다는 것을 의미한다. 일방의 방식에 의해 고정된 사고와 축적된 지식을 주입받는 수동적 존재로만 남게 된다. 더 위험한 것은 타인과의 토론을 통해 각자의 다름을 이해하기보다는 이기는 논쟁을 해야 하고 그것이 능력이며 그러한 사람만이 행복할 자격이 있다는 오류에 빠지게 된다.

최근 한국 사회에서 혐오와 척결이 극단적으로 나타나고는 한다. 대열에 합류하기도 하며 보고 배우며 따라 한다. 타자에 대한 배타적이고 공격적인 폭력성이 조장되는 공간이 갈수록 확대된다는 우려의 목소리가 높아진다. 갈등의 사안들이 합리적 대화와 토론을 통한 문제해결 관점이 아니라 왜곡된 이념적 틀 안에서 다루어진다. 정치 영역은 드러나는 이견과 차이를 민주적 제도의 틀 안에서 조율해야 하는 과제를 지니고 있지만 스스로 이념 대립의 함정에 빠져 오히려 갈등을 증폭시키기도 한다.

정치적 동물로서 인간이 지닌 행위 도구는 언어이다. 합리적 이성과 지성을 발화시키는 도구로서 자신의 목소리를 내되 '좋은 공동체의 역할과 책임'을 요구해야 한다. 공동체 본연의 목적인 인간의 행복이 실현될 수 있도록 책임과 역할을 해야 한다는 것을 주장하는 것이 정치적 동물로서의 인간이 공동체에서 자신의 목소리를 발현시키는 모습이기 때문이다.

2024년 12월의 겨울은 대한민국 민주주의가 다시 한번 시험대에 올랐던 시간이었다. 날벼락 같은 비상계엄선포의 위기상황에서 일상을 잃을 위기에 처한 시민들은 먼 길을 마다하지 않고 광장으로 모였다. 오랜 민주화 투쟁의 데자뷔에 놀란 가슴으로 나온 기성세대들은 형형색색 응원봉의 젊은 세대를 만나 감격했고, 세대를 가로질러 시민들은 이 나라의 주권이 어디에서 비롯되는지, 어떤 방식으로 행사되어야 하는지를 온몸으로 배웠다. 내란과 탄핵이라는 위기의 순간들을 함께 넘어, "다시 대한민국"을 외치는 새로운 대통령을 뽑았다. 하지만 이제는 안다. 대통령이 누구냐보다 더 중요한 것은, 우리

사회의 시민들이 얼마나 깨어 참여하냐는 점이라는 것을 말이다. 시민이 참여하지 않는 민주주의란 말 자체로 형용모순인 껍데기에 불과하다. 이것이 지난 겨울 우리가 역사로부터가 아니라 바로 우리의 삶으로부터 뼈저리게 경험하며 펴 올린 정치적 교훈이다.

계엄이 해제됐고 큰 선거를 잘 치렀으니 민주주의를 지켜내기 위한 싸움은 일단락된 것일까? 아마도 진짜 싸움은 이제 시작일 것이다. 광장의 외침을 멈추고 옛 일상으로 돌아가는 것이 아니라, 변화를 확인하고 굳건히 해야 한다. 소를 잃어 봤으니 외양간을 고쳐야 한다. 또 다른 위기에 빠지지 않기 위해, 우리는 어떤 정치를 해야 하는가? 누가 무엇을 해주길 바라는 것을 넘어, 우리가 스스로 주체가 되어 무엇을 하고 있어야 하는가? 이렇게 민주주의의 근본을 고민하며 늘 이 대목에서 소환되는 과제들을 만나야 한다. 더 많은 시민참여, 직접민주주의의 확대, 그리고 지방자치의 실질화 같은 것들 말이다. 교과서적으로 반복되는 이 주제들 앞에 '또 그 이야기인가'라는 기시감도 든다. 그만큼 중요하고 그만큼 실천되지 않은 어려운 과제들이란 말일 것이다.

우리는 그동안 꽤 많은 민주주의의 '혁명적 장면들'을 겪어왔다. 4·19 혁명, 6월 항쟁, 촛불 혁명, 빛의 혁명이라 불리는 수많은 저항과 투쟁들. 그때마다 사람들은 "이제는 진짜 민주주의다", "이제는 달라질 것이다"라며 기대했다. 하지만 수십 년을 되돌아보면, 우리는 여전히 비슷한 벽 앞에 멈춰 서 있거나, 때로는 같은 자리를 빙빙 돌고 있는 것 같다. 중앙의 위기에 함께 달려 나가서는 이내 거기에 멈춰버린, 완수하지 못한 과제의 제자리걸음 같다. 이제는 정말 달라져야 한다고 다짐했다면, 이번엔 꼭 어려운 숙제들을 마주해야 하겠다.

민주주의는 제도만으로 완성되지 않는다. 헌법 속 문장들만으로는 사회를 바꿀 수 없다. 시민들이 직접 그 감각을 몸에 익히고, 생활 속에서 실천해야만 비로소 살아 있는 민주주의가 된다. '정치의 주인은 나'라는 감각. 선거 날 투표에 머물지 않고, 일상과 정치는 분리될 수 없고 공동체 구성원이라면 누구나 정치 행위의 일원임을 깨닫는 것. 멀리 중앙의 정치에만 흥분하지 않고, 지역공동체의 이슈에 관심을 가지고, 토론하고, 의견을 만들어가고, 결정에 참여하는 것. 실천하는 것. 그렇게 삶 속에서, 생활정치, 지역정치를 통해 진정한 시민민주주의를 이뤄낼 때라야 우리는 반복되는 미완의 혁명을 탄탄한 민주주의로 완수할 수 있을 것이다.

이 과제를 풀어갈 단초로, 이런 감각을 발전시키며 실천한 지역 시민사회의 사례를 공유해 보고자 한다. 바로 과천 시민선거인단 이야기이다. 이들은 평범한 이웃으로 모여 시민연대를 기반으로 공동체 활동을 벌여 나가다가 점차 생활의 문제를 정치와 연결 짓게 되었다. 시민적 참여를 실천하고, 적극적 유권자로 지역 정치인들을 지원하다가, 정당이나 유명인에 기대하지 않고 자발적 시민선거인단을 꾸려 제도정치에 도전하기로 한다. 그 결과 실제로 2명의 무소속 시의원을 당선시키고, 꿈꾸던 지역정치를 실현하고자 치열한 실천에 나서기도 했다. 대체 이런 수준의 시민정치 의식과 실천은 어떻게 가능했던 것인지를 살펴보는 것이 이 책의 목표이다.

그들의 이야기는 성공담에 그치지 않는다. 열망과 환희, 연대와 승리의 짜릿함만큼이나, 고단한 현실의 무게와 분열의 쓰라림, 실패의 좌절도 뒤따른다. 정치 행위란 정말 배워야 할 것이 많은 일임을 깨우치며 이들은 지금도 함께 성장하고 있다. 여전히 함께 지역에 머무르며, 동네 이야기를 나누고, 하고 싶은 일이 생기면 서로를 부추겨 함께 나선다. 이런 깨어있는 정치 시민의 존재는 지역의 민주주의를 좀 더 건강하게 만드는 촉매제이다.

이제 우리는 민주주의를 광장 너머로 확장해야 한다. 대통령 선거나 중앙정치에 몰두하는 데 그치지 않고, 삶의 가장 가까운 곳에 정치가 스며들도록 해야 한다. 광장에서 돌아서면 집과 일터에서는 비민주적인 꼰대의 모습이 되어버리는 스스로의 이중성에 흠칫 놀라지 않는가? 민주주의는 지식을 넘어 실천으로 완성되며, 그 과정에는 반드시 배움과 연습, 즉 학습이 필요하다. 지역과 생활 속에서 민주주의를 함께 학습할 수 있어야 우리의 민주주의는 더욱 공고해질 것이다.

이 책은 그런 의미에서 과천 시민선거인단의 이야기를 전하고자 한다. 함께하는 즐거움으로 자발적 민주주의 학습을 해나간 시민들의 이야기이다. 이는 단지 과천이라는 특정 지역만이 아니라, 전국 어디서든 벌어질 수 있는 '시민정치'에 대한 실험기이다. 그들의 희망과 실패, 연대와 분열의 이야기를 통해, 우리 각자도 삶의 터전에서 한 걸음 더 내딛는 계기를 가질 수 있으면 좋겠다. 우리가 민주주의를 어떻게 지키고 발전시킬 것인지를 고민하는 이때, 그들의 이야기는 우리에게 소중한 타산지석이 되어줄 것이다.

2025년 10월 대학로에서

저자 안수정, 강상준

| 차 례 |

Ⅰ. 과천 풀뿌리 시민사회의 뿌리내림

1. 과천 시민운동의 전개와 지역정치 참여
2. 풀뿌리 시민운동이 만개하기까지
3. 과천 시민선거인단의 활동 동력

Ⅰ. 과천 풀뿌리 시민사회의 뿌리내림

1. 과천 시민운동의 전개와 지역정치 참여

신도시 과천, 지역 시민운동의 태동

한적한 면 단위 농촌 지역이던 과천은 50여 년 전인 1977년에 정부 제2종합청사 대상지로 지정되었다. 관악산과 청계산, 우면산 사이에 위치한 인구 7만 규모의 작은 행정신도시로의 탄생이 계획된 것이다. 과천은 토지의 전면 매입과 도시 설계에 따라 계획도시로 완전히 새롭게 재탄생하게 된다. 1980년대 들어서 정부청사 외에 12개에 달하는 아파트 주거단지, 서울대공원, 국립현대미술관, 경마장 등 국가시설의 건설과 입주가 속속 이어지면서, 남태령 남쪽의 작은 시골 마을이었던 과천은 행정신도시로 탈바꿈하게 된다.

초기 신도시였던 과천은 근린주구(초등학교 중심의 도보 생활권 내에 주민생활 공동체 형성)와 전원도시 등 이상적 도시 환경을 지향하며 설계되었다. 생활친화적 도시 설계 콘셉트는 과천을 도보 이동이 쉬운 구조로 만들었고, 결과적으로 사회적 교류의 물리적 기회를 늘려 지역의 공동체 의식 함양에 긍정적 요인으로 작용했다. 이런 도시의 물리적 특성을 과천 시민운동 발생의 초기 요인 혹은 배경의 하나로 볼 수도 있을 것이다. 또 다른 요인으로는 지식인들을 중심으로 발생한 지역정치 참여에 대한 의식적 노력도 들 수 있다. 과천 신도시의 형성기가 우리나라 지방분권의 본격적 시행기와 겹쳐졌기 때문이다.

신도시 과천의 시민운동은 어떻게 시작되었을까? 새롭게 모여든 낯선 사람들 사이에서 시민운동이 촉발되는 데는 일정한 계기가 필요했다. 1991년 지방자치제 부활로 실시된 지방선거가 그 계기가 되어주었다. 선거가 다가오자 과천의 헌책방에 모이던 청년모임 '한울타리독서회'가 '공명선거감시단'을 발족했다. 이들의 활동이 지역에 알려지자 의외로 많은 시민들이 그들에게 후원 의사를 밝혔다. 당시에는 1980년대 민주화 운동의 기운이 여전히 지속되는 분위기였다. 사회적 실천의 열기가 여전히 존재했고, 함께 나선 이들은 지역에서 서로의 존재를 확인하게 된 것이다. 활동가와 후원자들은 지방선거 이후 함께 모였다. 여기에서 과천 최초의 본격적 시민단체인 '과천시민모임'이 만들어지게 된다.

이 시기 시민단체들은 대체적으로 체계화된 조직을 갖추고자 하는 경향이 있었다. 과천시민모임도 한글학자 이오덕, 경제학자 안병직 등을 공동대표로 주부활동가 문혜영을 상임운영위원장으로 하고 5개 분과를 갖춘 조직으로 만들어졌다. 작은 지역인 만큼 단체의 운영은 상근활동가나 사무실을 갖추기보다 자발적 시민참여를 기반으로 하게 됐다. 과천시민모임은 '시민생활 본위의 정책을 시정에 반영하기 위해 참여민주주의를 활성화하고 지역공동체 형성에 의한 지역주민의 자치를 실현'한다는 설립 목표를 가지고 열정적으로 활동한다. 자신들의 삶에 기반한 여러 가지 정책을 제안하고 다양한 성과도 도출한다. 첫 시작은 '탁아소 건립 청원'이었다. 신도시 초기, 출근과 동시에 아이 맡길 시설이 태부족했던 지역 사정을 배경으로 이들은 생활의 문제를 해결해 줄 것을 시정에 요구했다. 그러나 별 반응이 없자 과천시민모임은 적극적으로 '시민청원'이라는 행정제도를 활용한다. 지방자치법에 의한 청원 1호로 기록된 활동의 결과로 과천에는 동별로 시립 어린이집이 설립되게 된다. 보건의료분과에서는 수돗물 불소화사업을 성사시켰다. 청계산 눈썰매장 반대 운동, 쓰레기소각장 규모 축소 운동 등도 진행되었다. 쓰레기소각장 규모 축소 운동 과정에서는 주민들의 요구에 의한 최초의 공청회도 개최되었다. 의욕에 찬 시민운동 참여자들은 생활밀착형 과제들의 정책화를 요구하는 실용성과 새로운 행정제도를 적극적으로 활용하는 선진성을 보여주었다.

다른 시민단체들도 속속 생겨났다. 정책전문가와 연구자들 중심의 '과천을 사랑하는 시민들의 연구모임'(이후 과민연)도 1993년 결성되었다. 과민연은 지역을 위해 전문지식을 활용하자는 취지에서 설립된 연구모임의 성격을 지녔다. 과민연은 과천 거주민들의 '생각'을 파악하는 것이 중요하다는 문제인식하에 1993년 7월부터 9월까지 약 3달간 주민의식조사를 실시하는 것으로 활동을 시작했다. 조사 결과 시민들이 과천을 '줄곧 머무는 터전'보다는 '거쳐 가는 곳'으로 생각한다는 것을 파악했다. 과민연은 조사 결과에 기반해 머무는 생활 지역으로써의 과천에 대한 인식 전환 활동을 시작한다. 쓰레기소각장 축소 운동, 청계산 송전탑 설치 반대 운동 등이 대표적이다. 쓰레기소각장 축소 운동은 과민연 외에 과천시민모임과 환경 위기에 관심이 있는 주부들이 결성한 환경사랑실천모임과도 연대하여 공동 참여했다. 운동 과정에서 소각장 건설 규모에 대한 사회적 이슈를 공론화했고 주민토론회 및 공청회도 개최했다. 또한 지방선거운동에 적극적으로 참여하는 등의 정치적 실천도 이어나갔다.

시민운동과 제도정치 참여

시민운동의 태동 자체가 지방정치의 부활과 맞물려 있기도 했지만, 과천의 시민사회는 초반부터 의회 및 행정 권력 확보에 적극적 태도를 가지고 있었다. 1995년 제1회 동시 지방선거에서 과천 시민들은 환경운동연합 출신 3인, 과민연 출신 1인을 시의원으로 선출한다. 전체 7인의 시의회에서 무려 4인의 시민운동 출신 의원들이 선출된 것이다. 이는 시장선거에 시민단체 출신 후보가 2인이나 출마하여 높은 득표율(단일화가 이루어졌으면 당선도 가능했을 득표율)을 올린 영향이기도 하다. 신도시 초기 시민생활에 밀착한 이들의 적극적 활동과 성과가 시민들에게 널리 알려지고 인정받았던 결과인 것이다.

시민단체 출신 시의원들이 대거 의회에 진출한 만큼 시민들은 시의회와 풀뿌리 시민단체들을 통해 다양한 시정정보들을 공유할 수 있었다. 참여는 정보를 토대로 가능하다. 의원들이 제공하는 정보는 주민들의 생활 속 공론장에서 정치적 담론으로 형성될 수 있었고, 이것은 적극적 시민활동의 촉매제가 되었다. 이런 성과들은 정치효능감을 만들었고, 다시 참여를 촉진하는 선순환을 일으켰다. 이런 실천적 효능감을 바탕으로 과천시의회에는 시민운동을 기반으로 활동하는 의원들이 꾸준히 진출하게 된다.

보수적 시정과 진보적 시민운동의 평행선

활발한 시민운동이 있었음에도 과천은 상당히 보수적인 지역으로 평가된다. 정부청사가 위치한 행정도시였기 때문일 수도 있다. 과천 시민단체 활동가였던 김동근의 평가에 따르면 과천은 현저히 관 주도의 사회였고 시민들도 대체로 보수적인 편이었다. 그러다 보니 정치인들도 대화와 타협과는 거리가 멀었다. 독선적인 모습이 강했다. 풍부한 재정에도 불구하고 시민사회와의 정서적 괴리로 시민들의 욕구에 맞는 참신한 정치를 펼치지 못했다. 선진국처럼 시민들이 자유롭게 참여할 수 있는 공간, 또는 정책 결정 과정에 참여할 수 있는 경로가 마련되어 있었더라면 시민단체가 정치에 참여하지 않아도 되었을 것이라고 회고한다.

과천은 도시 규모가 작지만 재정도 풍부하고 정부청사가 위치한 도시인 만큼 다양한 시범사업의 대상지가 되고는 했다. 2000년도에 일찌감치 초등학교 무상급식을 실시할 만큼 행정도 선도적인 도시였다. 시민단체들도 적극적인 조사와 연구, 새로운 행정절차의 활용, 다양한 시민홍보 활동과 공론장 형성 노력 등 열정적이고 신선한 시도들을 이어나갔다. 그러나 행정과 시민단체들 간의 소통은 원활하지 않았다. 거버넌스에 대한 논의와 도입이 점차 활발해지는 추세였음에도 불구하고, 과천에서는 관과 진보적 시민운동 사이의 대화와 협력을 위한 접점이 쉽게 만들어지지 않았다. 오히려 양측 모두 각자의 영역에서 독자적 활동을 이어나가거나 대립하는 경향이 만들어지고는 했다.

새로운 세대의 등장, 풀뿌리 시민운동의 만개

2000년대 들어서면서 과천의 시민사회는 조직을 갖춘 시민단체보다는 생활에 근거한 풀뿌리 활동을 중심으로 발전한다. 작은 지역이라는 규모의 한계로 상근자를 둔 시민단체들은 사라져 갔다. 이념적이고 조직적인 방식보다는 구체적 생활의 요구나 부당한 문제를 적극적으로 제기하는 소규모 풀뿌리 단체들이 점차 활동의 중심에 서게 된다. 지역에서 폭발적 성장세를 보인 대안교육기관들과 생협들의 활성화된 네트워크는 이런 활동방식의 근간이 되었다.

과천 시민사회를 연구한 송준규는 이 시기 과천 시민운동의 양상을 '잠복된 네트워크'로 표현한다. 평소에는 각자의 영역에서 활동하며 느슨하게 연결되어 있다가 특정한 문화적 코드와 만나면 폭발적으로 드러나는 활동력을 보였다. 과천의 풀뿌리 네트워크는 '부모됨, 이웃됨, 시민됨'을 실천하는 방식으로 구성원들에게 활동의 동력과 소속감을 제공하고 지역 정체성과 개인의 정체성을 연결해 주는 역할을 한다고 보았다.

이들의 활동방식을 살펴볼 수 있는 가장 대표적인 사례로 '맑은내방과후' 설립과정을 들 수 있다. 과천 '맑은내방과후'는 풀뿌리 공론장을 기반으로 시민들의 자발적인 참여가 만들어낸 아동돌봄시설이다. '가장 살기 좋은 도시'라는 과천의 이면에 가려져 있던 저소득층 아동들의 돌봄 공백을 해소하고자, 정부나 지자체의 주도 없이 시민 스스로 지역문제를 발굴하고 해결책을 내 실천한 것이다.

'맑은내방과후'의 설립은 2003년 말 '한국도시연구소'가 진행한 과천 저소득층 생활실태조사에서 시작되었다. 조사를 통해 과천에도 육아와 생계에 어려움을 겪는 젊은 부부와 아이들이 예상외로 많다는 사실이 드러났다. 당시 과천은 '전원도시', '가장 살기 좋은 도시'라는 이미지가 강했던 만큼, 현실을 알게 된 시민활동가들은 충격과 동시에 문제해결의 필요성을 느끼고 적극적으로 이를 공유하게 된다. 잠복되었던 네트워크가 활성화되기 시작한 것이다.

과천의 풀뿌리 모임 활동가들과 '학교평화' 등 여러 시민단체들은 공동으로 문제를 해결하자며 모인다. 단순히 문제 제기에 그치지 말고 해결책을 내 직접 행동으로 나서자며 '맑은내방과후 교실' 설립을 위한 기금 마련 활동을 전개한다. 다양한 모금 활동이 진행되었고, 그러한 와중에 진행된 일일주점에는 800명 이상의 시민이 참여해 1천만 원이 넘는 기금을 모았다. 맑은내방과후 교실 설립 프로젝트는 지역사회의 광범위한 지지와 참여를 이끌어 냈다. 약 6개월간의 준비 기간을 거쳐 시민들이 모금한 자금으로 전세 아파트를 확보하고 상근 교사를 채용함으로써 2004년에 '맑은내방과후 교실'이 마침내 문을 열었다.

오직 시민들의 자발적인 참여와 기부를 통해 탄생한 풀뿌리 아동돌봄시설이라는 점에서 맑은내방과후 교실은 매우 특별한 의미를 지닌다. 정부나 지자체 주도의 탑다운 방식이 아니라, 시민 스스로 문제를 발굴하고 지역사회의 공감을 이끌어 냈다. 재정적 · 인적 자원도 스스로 모아 해결 방안을 실천한 시민 주도 돌봄 모델의 성공적인 구현이다. 지역사회의 성숙한 시민의식과 높은 실천력을 보여주는 사례일 뿐 아니라 풀뿌리민주주의의 실체적 성공 사례로도 기록될 만하다. '살기 좋은 도시'라는 이미지 뒤에 숨겨진 저소득층 아동들의 돌봄 문제를 공론화하고, 실질적인 보호와 교육의 기회를 제공함으로써 지역사회 전체의 복지 의식을 고취시키기도 했다. 실천의 과정을 통해 지역의 공동체 의식은 더욱 강화되었고, 이를 주도한 시민사회 세력들은 지역 내에 일정한 헤게모니를 가지고 더욱 적극적으로 활동할 수 있게 되었다.

시민운동, 제도권 정치에 유감

왕성한 활동을 통해 생활의 문제를 해결해 나가는 효능감을 느끼면서 시민운동 활동가들은 더욱 적극적으로 공동체의 문제점들을 살피고 해결하고자 하는 욕구를 가지게 된다. 시민들의 요구는 필연적으로 행정·정치의 영역과 만나게 된다. 함께 모여 공동체의 필요를 논의하고 해결해 가다 보니 '시민의 힘이 한데 모여진 권한이 있다면, 시민의 소리를 듣고 시민의 삶을 개선하는 데 써야 하는 것 아닌가? 그것이 결국 정치가 아닌가?'라는 자생적 생활정치의 철학에 닿게 된다.

시민운동 활동가들은 이런 자세로 지역 선거에 관심을 가졌다. 이전에도 지역의 시민단체가 민주·진보진영의 선거운동을 지지하고 지원하는 것은 보편적인 현상이었지만, 이제 이들의 관심은 이런 형태를 넘어 보다 적극적인 참여의 단계로 나가게 된다.

지역의 정치와 행정이 보수적이고 권위적이라고 느낀 만큼, 시민활동가들은 진보적 정치인들의 제도권 정치 진출을 지원하며 자신들과 적극적으로 소통하고 활동해 줄 것을 기대했다. 이들은 지방선거 때마다 진보진영 후보들의 선거운동원이 되어 적극적으로 지지활동을 펼쳤다. 그러나 몇 차례의 지방선거를 경험하면서, 이들 사이에는 진보정당의 정치인들조차 그들의 정당 활동과 정치 논리에 매몰돼 지역활동가들과 충분히 소통하지 않고 자신들을 도구화한다는 불만이 커지기 시작한다. 불만과 자각은 기존 정당의 정치인이 아닌, 자신들로부터 나온 시민후보를 직접 제도권 정치에 진출시키자고 하는 흐름을 생성하게 된다. 우리 정당법의 한계 아래서는 시민들이 모여 지역정당을 만들 수 없음을 알게 되자, 정당이 아닌 자발적 시민선거인단에서 무소속 시민후보를 선출해 지방선거에 도전하기로 한다. 이런 시도는 2014, 2018, 2022 지방선거에서 세 차례 진행되었고 이를 '과천 시민선거인단'으로 통칭할 수 있다.

과천의 시민운동은 삶의 터전에서 참여와 시민자치의 가치를 세우고자 하는 시민들의 열망과 실천으로 성장해 왔다. 생활 속에서 긴밀히 소통하는 네트워크를 바탕으로 공동체의 복리와 관련된 문제들을 적극적으로 해결해 나가고자 했다. 그 과정에서 정치의 필요와 진정한 기능에 대한 민주시민으로서의 자각을 심화시켰으며, 마침내 스스로 정치의 주체가 되고자 권력의지를 드러내는 단계로까지 성장했다.

2. 풀뿌리 시민운동이 만개하기까지

풀뿌리민주주의나 참여민주주의는 대중적인 반향은 크지 않지만, 꾸준히 반복적으로 소환되는 이슈다. 첫째, 지방선거 시기나 주민참여가 정책적 의제로 부각될 때 둘째, 정치 불신이 고조되거나 중앙정치에 대한 반발이 커질 때 결국은 '참여'에서 해답을 찾아야 한다는 사회적 공감대가 형성된다.

한때는 지방자치단체 차원에서 시민 공론장과 거버넌스 담론이 유행처럼 번지며 경쟁적으로 관련 행사들이 열리기도 했다. 그러나 많은 경우 이 같은 흐름은 이상론에 머무르거나 행정 주도의 형식적인 행사로 마무리되곤 했다.

풀뿌리민주주의나 참여민주주의는 단지 제도나 행사의 도입만으로 실현되기 어렵다. 밑바탕에 자율적이고 활동력 있는 시민사회, 일상 속에서 살아 움직이는 건강한 풀뿌리 시민사회가 반드시 전제되어야 한다. 말 그대로 '풀뿌리'가 살아 있어야 위로 뻗어 올라가는 줄기와 열매가 자랄 수 있다. 지역사회의 정치적 상상력과 시민참여의 역량은 어느 날 갑자기 생겨나는 것이 아니라 오랜 시간 동안의 관계 형성과 신뢰, 실천의 축적을 통해 비로소 자라나는 것이다. 씨 뿌리기 없는 땅에서 열매를 거둘 수 없듯, 시민의 자발성과 공동체 기반 없이 이상적인 참여민주주의를 기대하는 것은 공허한 외침에 그칠 수밖에 없다. 바쁜 일상 속에서 지역 시민들이 자발적으로 공론장을 형성하고 지역정치를 논의하는 것은 현실적으로 쉽지 않은 일이다. 일회성이 아닌 제도적 틀 안에 뿌리내린 시민사회가 전제되지 않는 한, 갑작스럽게 성숙한 지역 공론장이나 정치참여가 실현되기는 어렵다. 정치권 진출의 동기나 정당 활동의 기반이 없는 시민들이 독자적으로 정치참여에 나서는 사례는 더욱 드물다.

이런 점에서 과천에서의 시민운동 활성화와 자발적인 공론장 형성 그리고 정치세력화의 흐름은 주목할 만한 사례라 할 수 있다. 과천의 시민운동과 참여정치의 과정을 살펴보면, 일상 속에서 긴밀하게 소통하며 공동체적 가치를 중시하고 힘을 모아 지역문제를 해결하고자 한 활발한 시민 그룹이 존재했다. 이들을 중심으로 시민 공론장이 발전하고 정치참여로까지 확장되었음을 확인할 수 있다.

그렇다면 이들은 어떤 배경 속에서 형성되었고 어떤 과정을 거쳐 생각의 변화와 태도 전환을 겪으며 지역운동에 참여하게 되었을까? 다음에 이어지는 이야기에는 과천에서 대안교육, 시민단체, 협동조합 등의 지역사회 활동을 경험하며 오랜 기간 거주해 온, 과천 시민 선거인단 참여자들의 경험과 평가들이 담겨있다.

차가운 침묵의 도시

> "작은 인구에도 불구하고 시민들의 공동체 의식은 낮다는 것이 과천에 대한 보편적인 평가이다. 자신의 이해관계가 직접 얽힌 사안에는 발 벗고 나서지만, 그렇지 않은 문제에는 냉정할 정도로 무관심하다는 지적에서 자유롭지 못하다."

초기 과천의 분위기를 묘사한 글이다. 과천의 시민운동을 먼저 소개해서 이곳이 원래 공동체적 분위기가 강한 곳이었던 것으로 오해할 수 있겠지만, 정반대로 신도시 조성기 과천 시민사회의 분위기는 상당히 냉랭했던 것으로 회고된다. 연고 없이 새롭게 모인 사람들의 신도시이다 보니 어쩌면 당연한 일일 수도 있다. 전면적 도시 개발과 이주의 과정에서 기존의 전통적인 공동체는 해체되었고 새로운 사회적 관계는 쉽게 만들어지지 않고 있었다. 새로운 도시에 모인 사람들은 섬처럼 고립되어 이웃과의 소통 부재가 오히려 두드러졌다.

> "자기는 도저히 이 도시의 침묵을 견딜 수 없다며 ○○으로 이사 간 지인도 있었어요. 그래도 거기는 사람들이 뭐라고 하면 쳐다보는 동네라는 거죠. 그런데 과천은 북유럽 같은 거예요. 이렇게 확 커튼 열고 쳐다보고 확 닫는다는 거예요. 그렇게 반응 없던 동네가 재밌어지도록 굉장히 많은 사람들이 자기를 드러내고 움직였어요."

심한 단절과 고립감이 묘사되고 또 이런 분위기를 변화시킨 움직임이 있었음이 드러난다. 어떤 사람들이 어떤 이유로 움직이기 시작했을까? 앞서 언급한 바와 같이, 첫 움직임은 1987년 민주화 항쟁을 거치며 이어진 사회 분위기 속에서 지식인들을 중심으로 의식적으로 만들어진 역동이었다. 하지만 2000년대의 시민운동에서는 도시에 새롭게 유입되어 정주성을 가지고 살게 된 생활인들의 역동이 보다 두드러진다. 과천 시민선거인단의 주축이 된 이들이 어떻게 지역에 유입되고 서로 연결되기 시작했는지를 살펴보자.

함께 가면 길이 된다

과천 시민선거인단 참여자들은 대개 2000~2010년 즈음 과천에서 30~40대를 보내며 자녀를 양육한 사람들이다. 이른바 '386(2000년대 30대, 80년대 학번, 60년대 태생)'으로 불리는 세대에 걸쳐있다. 386세대의 특징 중 하나로 꼽히는 것이 강한 공동체 의식이다. 이들이 태어나 자란 1960년대는 박정희 정권의 선도로 펼쳐진 이른바 '열망의 시대'로 표현된다. 성공적 근대화 과정의 첫 혜택을 입은 세대이다. 국민교육헌장을 암송하고 국민체조로 하루를 시작했다. 어려서부터 교육을 통해 국가와 민족공동체에 대한 헌신을 학습한 세대이다. 이들의 공동체 의식은 성장 과정에서 '열망의 시대'를 거치며 내재화된 것이기도 하고, 1980년대 집단적으로 학생운동을 경험하면서 체득해 간 요소이기도 하다.

이런 세대적 특성을 가지고 부모가 된 386세대들은 1990년대 중반 시작된 '공동육아'운동을 주도한다. 경쟁과 학습 위주의 기성 교육 대신 자연과 공동체 속에서 자녀를 기를 수 있는 대안적 교육방식을 부각시키고 큰 관심을 끌어냈다. 공동육아운동은 1970년대부터 해송 유아원을 운영하며 저소득층 탁아운동을 하던 공동육아그룹과 여성운동의 한 흐름인 '또 하나의 문화'가 1990년대 중반 결합하며 만들어졌다. '모든 아동이 행복하게 성장할 수 있는 사회환경을 만드는 것'을 목표로, 육아의 사회화를 추구하며 조합형 어린이집을 만들기 시작했다. 지금은 성미산마을로 유명한 마포 '우리어린이집'이 1994년 첫 번째로 시작된 조합형 공동육아 어린이집이다. 비슷한 지향을 가지고 함께 아이를 키우고 싶어 하는 이들이 모이게 된 것이다.

이런 움직임이 알려지면서 1995년 과천에 튼튼어린이집, 열리는어린이집 등 공동육아협동조합이 연이어 생긴다. 공동육아조합들은 바깥나들이가 가능하도록 자연이 가까운 동네에 마당이 있는 단독주택을 얻어 어린이집을 운영하고자 했는데 이런 수요에 과천이 알맞은 터전이 되었다. 이렇게 서울 남부를 일터로 하면서 공동육아 참여를 원했던 가정들이 다수 과천으로 유입되었다. 참여를 원하는 이들이 너무 많아 2001년에는 튼튼어린이집과 열리는어린이집의 입학 대기자들이 모여서 새로운 어린이집(어깨동무)을 열만큼, 과천은 초기 공동육아 붐의 메카와 같은 곳이 되었다. 중앙 시민운동의 참여자이기도 했던 어깨동무어린이집 초기 조합원의 이야기를 들어보면 당시 동년배들 사이의 공동육아에 대한 관심과 열정이 얼마나 컸는지를 알 수 있다.

"옆지기가 아이는 꼭 공동육아에서 키우고 싶다고 해서 과천으로 이사 왔어요. 당시 아는 사람들 사이에서는 과천의 공동육아 인기가 어마어마했으니까. 막상 이사 와서 튼튼, 열리는에 모두 자리가 없다는 걸 알게 됐고, 기다리다가 공공교*에 연락하니 차라리 새로 만드는 게 나을 거라 해서 어깨동무어린이집을 만들게 되었죠."

* 공동육아운동을 이끌어 나간 단체 '공동육아와공동체교육'의 약어이다.

공동육아의 지향을 생각해 봐도 그렇고, 맨땅에 헤딩 같은 협동조합형 어린이집의 설립이라는 닥쳐올 난관을 생각해 봐도 그렇고, 어려움을 극복해야 할 초기 공동육아 참가자들의 헌신과 열정이 상당했을 것임을 짐작할 수 있다. 공동육아 어린이집을 설립하고 운영하며 의기투합한 부모조합원들은 수년간의 학습과 실천 경험을 통해 함께하면 해낼 수 있다는 자신감을 가지게 되었다. 자녀들의 학령기가 되자 부모조합원들은 자신들의 교육 철학을 이어갈 방법을 함께 고민한다. 무에서 유를 창조해 본 사람들인 만큼 두려워하기보다는 대안을 모색하며 독자적 교육기관 설립에 도전한다. 그 결과, 2002년 과천자유학교(2011년 의왕으로 이전하며 청계자유발도르프로 개명), 2003년 무지개학교, 2005년 물이랑작은학교(2007년 맑은샘학교로 개명) 등 다양한 대안 초등학교들이 과천에 만들어졌다. 공교육으로 진학한 졸업생 부모들도 2002년 공동육아 방식의 '두근두근방과후(저학년)'와 '한발 앞서가는 아이들(고학년)'을 만들어 대안적인 초등방과후 교육과 돌봄을 이어나갔다.

아이를 자신들이 좋다고 믿는 방식으로 키우고자 애쓰는 사이에 부모조합원들은 성취감 높은 대안교육 운동의 참여자들이자 정주성 높은 주민이 되어 지역에 뿌리내리게 되었다. 차츰차츰 모여들어 뿌리내리고 살아가면서 자연스럽게 지역의 다양한 공간에서 공동육아 울타리 밖의 주민들과도 섞이고 영향을 주고받게 되었다. 과천이 작은 도시임을 감안하면 비록 소수이지만 꾸준히 축적된 이들의 존재와 영향력은 과천 시민사회의 특징을 만드는 데 중요한 요소가 되었다고 볼 수 있다.

> "도시 생활이, 이사도 잦고 지역이 바뀌어요. 그러니까 자기 지역에 대한 소중함이라는 게 별로 없어요. 근데 여기는 우리 애들이 이 학교에 다니고 있고, 또 이 아이들이 이 동네에서 살아야 되고. 그러니 당연히 동네 사람들과 교류하면서 활동을 하는 거잖아요. 그래서 한 발 두 발 더 담그게 되고 활동가가 되기도 하고."

공동육아 참여자뿐 아니라 과천을 자녀 양육과 삶의 터전으로 택한 이들 중에도 공동체적 가치를 추구하는 이들은 많았다. 생협, 품앗이, 동화읽는어른모임 등 공동체적 지향의 코드가 맞는 다양한 모임에서 만나 서로를 확인했다. 조합활동이나 소모임 활동 중 뭔가 문제를 발견하면 함께 얘기 나누고 해결책을 찾아 행동에 나서는 데 익숙했다. 일을 벌이는 데 두려움이 없었다. 소소하고 새로운 제안을 하면 면대면으로 신뢰가 확보된 이들이 새로이 결합하고 성과를 공유했다. 활동들이 불어나면서 지역에는 실핏줄 같은 신뢰의 네트워크가 형성되어 갔다. 좁은 지역에 수많은 교육기관, 협동조합 등 자발적 결사체들이 조밀하게 포진되었다. 서로의 적극적 활동에 자극받고 협력해 나가면서 이웃에는 이야깃거리가 자꾸 생겼다. 활력의 바이브가 생겨난 것이다. 어떤 운동을 하겠다는 거창한 지향이 있었던 것이 아니다. 소소한 생활의 관심사를 나누다 보니 종종 '나'의 문제가 '너'의 문제이기도 하고 그렇다면 '우리'의 문제라는 인식에 닿게 되고 작더라도 뭔가 해결책을 모색하는 행동에 함께 나서게 되는 것이다. 생활 네트워크 속에서 작지만 실질적인 지역사회 공론장들이 만들어졌다. 그리고 가끔 코드가 맞는 이슈가 생기면 폭발적 참여가 일어나곤 했다.

아이들의 학교생활에 대한 이런저런 수다를 떨다가 서로 비슷한 고민을 하고 있는 이들을 발견하면 어떤 방법이 있을지 함께 수소문하고 궁리한다. 그러다가 학교운영위원회에 참여해 뭔가 바꿔보자는 계획을 세우는 식이다.

> "학교환경과 문화의 변화가 필요하다는 데 공감하는 학부모들이 모여 수년에 걸쳐 함께 학교운영위원회에 들어갔어요. 앨범 문제, 급식 문제… 하나하나 소위를 만들어가면서 노력해서 학교가 달라졌죠. 촌지 문화도 그냥 없어지는 게 아니잖아요. 수련회 하나를 가도 위원회를 만들고, 운전도 못 하는 ○○ 씨가 택시 타고 쫓아가서 답사하고 오고, 급식도 매일 부모들이 조를 짜서 검사하고. 그렇게 자기 눈으로 보고 해보면서 서로에게 신뢰, 공감 이런 것들이 생겼죠."

제도에 의해 동원된 것이 아니라 개인이 가지고 있던 실천의 욕구와 문제의식이 이를 나눌 공간과 사람들을 만나 드러나면서 적극적인 참여와 실천으로 확장되었다. 서로 만나 함께하며 공통의 문제를 나누고 해결하다 보니 그 과정에서 소소한 실천을 통해 작은 성취감을 만드는 데 익숙해지게 된 것이다. 부담감이나 큰 두려움 없이 이웃들과 함께 새로운 시도를 해보는 것, 실천하고 깨달으면서 성취감을 느끼는 활동을 이어가는 것이 다양한 자발적 결사체들을 통해 활발하게 이루어졌다. 관계를 통해 새로운 길들이 만들어졌다.

> "품앗이는 좀 느슨한 곳이에요. 웬만하면 안 거쳐 간 사람 없어요. 그러다 보니 많은 사람을 만나게 됐죠. 정치적 성향이 다른 사람도 있었고, 여유가 있는 분부터 과천에서 제일 어려운 환경에 계신 분들까지, 각자 바라는 바는 조금씩 다르지만 공유할 수 있는 게 많은 모임이었어요."

'육아'나 '교육' 같은 특정 목적의 모임을 넘어 대안화폐를 통해 지역공동체를 만들어보자는 '과천품앗이'와 같이 좀 더 느슨한 모임들도 만들어졌다. 과천품앗이는 물품은 물론, 서로의 노동을 동일한 시간의 잣대로 교환할 수 있도록 대안화폐로 중계했다. 지역을 기반으로 쌍방이 직접 거래한다는 점에서 '당근마켓'의 전신이라고도 볼 수 있지만, 품(노동)의 교환이 주가 되고 품앗이 네트워크 밖에서는 교환 불가능한 대안화폐를 기반으로 했기 때문에 상호간 신뢰와 관계성이 더 중요한 거래방식이었다. 과천품앗이는 참여방식이 느슨한 대신 지역사회 참여자들의 폭을 크게 넓혀 지역공동체 참여경험을 확장시켜 주는 플랫폼 역할을 했다.

필요에 의해 만들어진 다양한 모임들 속에서 헌신적으로 함께 일하며 이웃들은 서로를 신뢰하게 되었다. 호혜성의 원리가 작동하고, 신뢰 자본이 쌓여갔다. 멤버십이 중첩되고 삶의 다양한 영역에서 다층적 참여가 이루어지면서 밀도 높은 사회적 교환의 네트워크가 형성되었다. **푸트남**(Putnam)은 사회적 교환의 네트워크가 긴 시간에 걸쳐 반복되면 포괄적 호혜성의 규범이 발달하게 되며 사회적 자본(신뢰, 규범, 네트워크 등)이 자기 강화적으로 축적된다고 설명한다. 2000년대부터 시작해서 2015년 2기 재건축 이주기가 시작되기 전까지, 과천 시민사회에는 자발적 결사체들의 활발한 역동이 있었고 사회적 자본이 매우 높게 유지될 수 있었다.

Tip **푸트남**(Putnam)

푸트남은 미국의 정치학자로, 사회적 자본과 미국 시민 생활의 쇠퇴에 관한 연구로 유명하다. 그는 저서 『나 홀로 볼링(Bowling Alone)』을 통해 1960년대 이후 미국 사회에서 공동체적 유대와 시민참여가 약화되고 있음을 분석하고, 그 원인을 사회적 자본의 약화로 설명했다. 그의 연구는 공동체 참여, 민주주의, 공공의 복지에 관한 현대적 논의에 큰 영향을 미쳤다.

1990년대 초 과천의 모습을 '북유럽 같은 (주변에 관심 없는) 침묵의 도시'로 표현했던 이는, 2000년대 들어 지역활동이 활발해지고 신뢰의 네트워크가 구축되면서 과천이 점점 '재미있는 도시로 변화'해 갔다고 회상했다. 함께 나눌 수 있는 일이 많아지면서 지역의 일에 자연스럽게 관심이 커지고 이웃과 함께 공동체를 위해 일한다는 보람도 생겼다. 경험은 점차 이웃과 함께 의견을 모으고 목소리를 낼 수 있다는 자신감으로 발전해 갔다.

> "이슈들에 따라서 '같이 모여요' 하면 내가 모이자 할 때도 있고 그분들이 같이 모이라고 할 때도 있으니까 자연스럽게 만남의 횟수가 많아졌죠. 같이 일하는 과정에서 '이 사람 일을 잘하네. 같이 일하니까 좋네' 이렇게 계속 학습되고 반복되면서 자연스럽게 많은 활동들이 만들어졌죠."

변화는 단지 제도나 조직에서 비롯된 것이 아니라 함께 걷고, 함께 부딪히고, 함께 길을 만들어온 사람들 덕분이었다. 이들은 특정한 이념이나 거창한 목표보다 '지금 여기'의 문제를 함께 고민하고 실천하며 해법을 찾아나갔다. 그렇게 함께 걷는 과정에서 새로운 길들이 만들어졌다.

민주시민은 학습된다

한 활동가는 자신을 386이지만 대학 시절 한 번도 데모에 나가본 적 없는 얌전한 학생이었다고 소개했다. 그랬던 자신이 지역에서 적극적인 시민단체 활동가로 변모하게 된 계기에 대해 다음과 같이 설명했다.

"한살림 조합원이 되었는데 거기서 ○○ 선생님을 알게 돼서 영향을 많이 받았어요. 밀양에 시위하러 따라갔던 게 가장 큰 계기였어요. '너무 잘 갔다', '계속해야겠다'는 생각이 들었어요. 한살림 활동 안 했으면 신문 보고 뉴스 보고 그러고 말았을 텐데, 한 발 더 나갔던 거죠. 그다음엔 녹색당에도 가입했어요."

민주사회에서 나고 자란 모든 사람들은 민주시민이 된다. 하지만 자신의 앎을 얼마나 심화시키고 실천을 통해 얼마나 체화했느냐에 따라 민주시민으로서의 성숙도는 다를 수 있다. 모든 배움의 과정이 그렇듯, 민주주의는 이론만이 아닌 실천을 통해 심화된다. 실천은 배움을 더욱 깊게 내면화시켜 강한 신념으로 만들어주고 다음 실천을 촉진한다. 민주시민으로서의 실천이라면 선거 참여 이외에 어떤 일들을 할 수 있을까? 공동체의 문제에 관심을 가지고 자기 생각을 만들어가는 일, 생각을 주변 사람들과 나누는 일, 옳다고 생각했던 일에 행동으로 참여해 보는 일, 이 모두가 민주적 학습과 실천의 과정이다. 이런 과정에 한 발짝 더 참여해 본 사람들은 신념의 강화는 물론 참여적 행동에도 점점 더 익숙해지게 된다. 실천과 학습의 선순환 효과를 생각해 보면 훈련소가 되어준 수많은 협동조합활동의 교육적 효과를 간과할 수 없을 것이다.

협동조합, 민주시민의 학교

과천 시민운동에 주요한 영향을 끼쳐온 공동육아 단체와 생협들은 2012년 협동조합기본법 시행 이전부터 협동조합을 표방하며 민주적 실천원리에 따라 운영되어 왔다. 협동조합은 비슷한 목적을 가진 이들이 공동 출자해 조합원들의 이익을 위해 활동하는 단체이다. 적은 자본을 가진 이들이 함께 모여 이윤보다는 조합원 편익을 목표로 활동한다. 조합원들은 출자금의 크기와 상관없이 1인 1표를 행사하고 정관으로 정해진 총회, 운영위원회, 감사 등 민주적 운영구조에 맞춰 의사결정을 해나간다. 민주적인 운영 방식이 기본이 되는 조직들이다.

과천 공동육아의 사례를 보면, 조합원 가족은 아이를 교육기관에 보내기 위해 일정한 출자금을 내고 기관의 운영책임을 나눠 가진다. 출자금을 모아 터전을 마련하고 졸업 전에 반드시 한 번은 운영을 위한 이사진이 되어야 한다. 청소와 1일 교사, 월별 방모임, 총회와 조합원 교육 등에 참여할 의무도 있다. 참여의 과정은 조합원들이 공동체 구성원으로 성장하면서 조합원으로서의 정체성을 형성하고 변화해 가는 학습 과정을 포함하게 된다. 공동육아는 대개 작은 조합으로 참여의 강도가 특히 센 편이다. 조합 운영에 참여한 사람들은 민주주의를 피상적 개념으로서가 아니라 일상으로 경험하고 체득하게 된다. '내 아이'를 잘 돌보고 싶다는 생각으로 시작하지만, 짧게는 1~2년에서 길게는 5년 이상의 조합 생활을 통해서 '우리 아이'를 함께 잘 키우고자 노력하는 참여형 부모, 참여형 시민으로 훈련된다. 부모조합원들에게 어린이집은 지역공동체 활동의 훈련소 같은 역할을 했다.

"과천에 공동육아 때문에 많이들 들어왔죠. 거기가 무슨 민주시민이 되기 위한 예비 학교 같은 거잖아요. 애들이 아니라 부모가 다니는… 몸빵은 이렇게 하는 거다… 부역은 이렇게 하는 거다…"

"액티브한 조합원들이 많았고 굉장히 역동적이었어요. 밤새고 (아침) 7시까지 회의하기도 하고. 재밌었으니까. 그러니까 했겠지요? 갈등도 많이 겪고, 힘들기도 하고, 힘들게 하기도 하고, 하여튼 ○○ 조합에서 공동체 생활을 하면서 거기에 따르는 어려움들을 온몸으로 다 겪고 배운 것 같아요."

"훈련이 된 거예요. 항상 토론하고. 저희 활동방식이 협동조합이라서 어떻게 하는 게 맞는지 사람들하고 끊임없이 정말 많은 토론을 했던 거 같아요. 지금도 어떤 이슈가 있으면 답이 나오든 안 나오든 끝까지 얘기를 해요. 그게 맞는지도 다시 고민하고. 그런 식의 활동과 고민이 쭉 있었고, 그게 몸에 배인 것 같아요."

공동육아나 생협 등의 협동조합형 모임에서는 토론이 일상화되어 있었다. 조직에 따라서는 정관에서 정해놓은 의결정족수를 넘어서

'만장일치' 동의로 나아가고자 전 조합원이 토의에 나서는 경우도 있었다. 일반적 사회 조직에서 경험하기 힘든 공동체 학습이 이뤄진 것이다. 서로 다른 사람들이 모여 공동의 목표를 설정한다. 목표에 다다르는 합리적이고 이성적인, 때로는 감성적인 요구까지도 소화해내는 방법을 찾기 위해 자체적이고 지속적인 민주시민교육을 실행한 셈이다. 이런 지난한 합의의 과정과 공동체 경험은 이후 실천과정의 참여를 공고히 하는 데도 큰 바탕이 되었다. 참여자들은 신입조합원으로 시작한 주변인에서 수년간의 조합 생활을 통해 '완전한 참여자'로 성장하는 과정을 거친 셈이다.

3. 과천 시민선거인단의 활동 동력

생활 속 '나'의 문제에서 '우리'의 문제로

"이 사람들은 뭔가를 의도하고 한 게 아니에요. 생활 속에서 생겨나는 문제의식이나 필요성들을 이웃들과 함께 자연스럽게 하나하나 해결한 거죠."

과천의 시민활동 참여자들은 사적 생활 속 '나'의 문제를 '우리'의 문제로 발견하면 이를 쟁점화한 다양한 경험을 가지고 있다. 1990년대에는 시민단체를 중심으로 '탁아소 청원'부터 '쓰레기소각장 축소 운동' 등을 펼쳐 나갔다. 2000년대 이후로는 먹거리, 학교폭력, 돌봄의 문제 등 작은 공동체와 공론장에서 떠오른 생활의 문제를 지역정치의 과제로 연결시키곤 했다. 이런 활동들이 축적되면서 생활의 문제를 중심으로 지역사회 담론을 형성하는 일종의 경로가 지역사회에 만들어졌다.

> "과천에는 자발적으로 만들어진 게 많잖아요. 이분들의 유전자에는 그게 남아있는 거예요. 누가 하라고 해서 하는 게 아니라 내가 필요해서 스스로 만드는 과정을 해봤고, 그게 익숙하고 편하고… 같이 하면서 뭔가 성과를 이뤘을 때 느끼는 성취감. 이런 것들이 반복 학습된 거죠."

민주화운동기념사업본부는 민주주의에 함축된 궁극의 목표는 대중교육이라고 말한다. 시민조직을 통해서 자신만의 문제로 여겨왔던 것들이 타인의 문제이기도 하다는 것, 더 나아가 이런 중대한 사실을 해결하는 유일한 희망은 자신들의 모든 노력과 힘을 한데 모으는 방법뿐이라는 것을 깨닫게 되는데, 이 같은 인식과 결론에 다다르는 것이 일종의 교육과정이라는 것이다. 민주화운동기념사업회가 제시하는 지역운동 민주시민교육의 주요 목표는 '자치의 경험, 스스로 성장하는 시민, 일상에서 지역으로'이다. 즉, 개인의 경험이 사적 체험에 머무르지 않고 전체의 체계 속에서 어떤 연관을 가지는지, 지역사회와는 어떻게 연결되어 있는지 해석해 내고, 보다 실천적인 방식으로 문제를 해결해 나가는 게 바람직하다는 것이다.

이런 측면에서 볼 때 협동조합과 다양한 자발적 모임을 통해 훈련된 과천의 시민들은 학습과 실천의 과정을 충실히 이행하며 주체적 민주시민으로 스스로 성장해 나갔다고 볼 수 있다. 개인의 문제를 고민하되 고립되지 않고 지역공동체와 나누었더니 자연스럽게 '나'의 필요와 문제가 '우리'의 문제와 닿아있음을 알게 된다. 적극적으로 문제해결 방안을 모색한다. 그 과정에서 우리의 문제들이 궁극적으로는 행정의 역할과 이에 연결된 지역정치에까지 연결되어 있음을 깨닫게 된다. 자연스럽게 인식과 경험의 지평이 확장된 것이다. 이는 개인들이 일상적 삶과 관련된 이슈를 통해 자아정체성을 확장하고 실현하는 정치적 과정으로서 '생활정치'의 본질을 그대로 드러내 준 사례라고 할 수 있다.

일상의 공론장에서 시작된 작은 실천이 지역을 넘어 전국적 운동으로까지 확산되었던 일도 있다. 2008년 '광우병 현수막 사례'는 반대 의사를 표현하기 위해 작은 현수막을 맞춰 아파트 베란다에 걸어보자고 가볍게 내놓은 이웃들의 아이디어가 지역 네트워크를 통해 공유되고 나중에는 온라인을 통해 전국적인 반향까지 일으키게 된 사례이다.

"뒤풀이 술자리에서 '광우병 소고기를 우리가 먹어야 되냐?' 뭐 그런 이야기를 하다가 '우리는 먹기 싫은데 이거를 좀 알리면 좋지 않을까?' 장난스럽게 농담 삼아 시작을 했는데 그걸 행동에 옮긴 거죠. 카페에 올렸더니, 사람들이 열화와 같은 호응을 해서 반대 현수막을 맞췄잖아요."

'나'의 생각과 필요를 적극적으로 이웃과 나누고 공감을 불러일으키는 '우리' 일이라고 생각되면 합심하여 가볍게 일을 벌인다. 함께 만들어 낸 작은 성취들이 축적되면서 지역에는 '우리'가 함께하면 이뤄낼 수 있다는 자신감이 자리 잡는다. 이런 자신감을 바탕으로 지역의 공적 문제와 정치에 대한 관심은 커져 갔다.

풀뿌리 공론장의 행위자

공론장이란 국가와 시민사회를 매개하는, 공론과 여론이 형성되는 사회적 공간이다. 시민선거인단 참여자들은 지역 공론장의 적극적 행위자들이었다. 지역 생활과 관련된 정보를 듣고 문제점을 파악하면 그들은 적극적으로 공론장을 펼쳐 나갔다.

"○○ 선생님이 도시빈민연구소에서 조사를 했어요. 과천에 저소득층 친구들이 제법 많다는 거예요. 이 친구들한테 방과후 돌봄이 필요하다는 제안이 이해가 되고. 그러면 '사람들을 좀 모아보자. 다른 분들도 초대하고, 아는 단체에 도와달라 부탁하고'. 이렇게 자연스러운 만남들이 생기는 거예요. 학교폭력으로 아이가 죽었을 때 만나기도 하고, 송전탑 일 생겼을 때, 맑은내(방과후) 때… 기회가 많았죠. '이런 문제가 있네. 우리 ㅁㅁ 엄마 만날래요?' 하고 자연스럽게 모이면 금방 스무 명 이상이 되는 거죠."

'맑은내방과후학교'의 설립과정은 과천 시민사회의 전형적인 공론장 형성 과정과 실행력 있는 시민협력의 과정을 보여준다. 활동가들은 과천을 전형적인 중산층 거주지라 생각하며 지역 내 저소득층 어린이들의 존재와 어려움을 모르고 있었다. 그러나 2003년 11월 '한국도시연구소'가 과천시청의 의뢰를 받아 조사한 결과, 과천시에 대략 1천 가구의 빈곤층이 거주하며 199명의 국민기초생활보장법상 수급권자인 어린이들이 있음을 알게 된다. 새로운 깨달음을 바탕으로 문제의식을 가지게 된 시민사회는 네트워크상의 다양한 이웃들과 소통하며 공론장을 만들어간다. 그 결과, 2004년 3월 '지역 방과후학교 포럼'을 개최하고 방과후학교를 운영 · 지원할 '맑은내사람들'을 설립한다. 같은 해 7월 아파트단지 내에 전세를 얻어 터전을 마련하고 '맑은내방과후학교'를 개소한다. 맑은내방과후는 백 명이 넘는 지역주민들의 자동이체(CMS) 후원과 물품 후원, 자원봉사 등을 바탕으로 유지되었다. 2006년부터는 중등 방과후를 겸했고 2009년부터는 지역아동센터로 인가받아 운영되었다. 맑은내방과후학교는 2018년 지역 환경의 변화와 함께 수요자의 급감으로 해산하기까지 '모든 아동들이 행복한 삶을 살 수 있는 지역공동체'를 목표로 활동을 계속했다. 지역사회 공론장이 자유롭고 개방적인 형태로 작동됐고 여기에서 만들어진 담론이 실천력을 가지고 지역사회를 변화시키는 역할까지 해낸 것이다. 과천의 활동가들은 맑은내방과후 활동을 '지역공동체의 DNA에 박혀있는' 활동으로 칭했다. 풀뿌리 공론장을 통해 문제를 제기하고 해법을 모색하며 실천과정에서 폭넓은 지역 연대를 만들어낸 전 과정을 지역활동 역량의 모델로 기억하고 있었다.

'승마장 · 캠핑장 반대 운동'으로 전개된 야생화 학습장 개발 관련 초기 공론장의 전개 과정도 이런 역동을 잘 이해할 수 있는 사례이다. 시민정치단체 과천풀뿌리는 2014년 시의회 예산심의과정에서 기존의 야생화 학습장을 170억 규모의 승마장과 캠핑장으로 바꾸는 건설안을 발견하고 사안을 '과도하게 수익성이 부풀려진' 예산의 문제로 파악했다. 이 내용을 과천녹색당과 생태강사단에게 공유하자 수익성보다는 생태적 가치가 큰 야생화 학습장이 없어지는 문제가 중심 이슈로 떠올랐다. 방향은 공감을 얻었지만 '환경운동 하는 소수의 반대'로 받아들여질 수 있다고 판단하여 더 큰 공론장을 열어 사안을 시민들의 토론에 맡기기로 했다. 토론회가 열리고 제시된 정보를 들은 시민들은 해당 사업의 낮은 수익성과 공익성, 지나치게 큰 예산 규모, 사업 대상지의 생태 · 환경적 보존가치의 문제점을 지적했을 뿐 아니라, 주민들과의 소통 없는 일방적 사업강행을 반대의 중요한 이유로 추가했다. 토론회 말미에는 참석자들로부터 이대로 끝내면 어떻게 하냐는 항의가 빗발쳤다. 토론회를 주관한 '과천풀뿌리'는 참석자들의 연락처를 모아 밴드를 만들어 초대하겠다는 약속을 하고서야 모임을 정리할 수 있었다. 이후 과천시가 사업강행 의지를 보이자 밴드에 모였던 시민들을 중심으로 '환경파괴, 예산 낭비하는 승마체험장 · 캠핑장 반대 시민대책위'가 만들어졌다. 시민대책위는 홍보물 배포, 서명운동, 야생화 학습장 나들이 행사 조직, 중앙공원 시민대토론회 등의 반대운동을 자체적으로 만들어 나갔다.

자발성과 창의성은 지역의 다양한 참여적 시민들에 의해 집단적으로 실천된 것이었다. 공동육아나 생협 활동, 품앗이나 학부모회 활동 등을 통해 지역사회에서의 작은 실천에 익숙한 시민들이 많았다. 이들은 누군가 발견한 문제를 공론의 장으로 가져오면 함께 이야기 나누고 해법을 찾기 위해 노력했다. 내가 속한 작은 공동체에서 가능했던 일을 더 큰 공공의 장에서도 자연스럽게 실천할 수 있었다.

> "'이런 건 지역에서 정치적으로 풀어야 되고, 이런 건 꼭 필요한데 왜 하지 않을까? 목소리를 내고 알려야지. 그리고 그걸 관철해 내면 좋겠다.' 이런 식으로 자기 삶과 관련된 문제를 사회화시키고 공론화시키는 과정을 자연스럽게 경험하고 학습한 사람들이 과천에 많았던 거 아닐까 싶어요."

안다면 행동하라!

과천 시민선거인단 참여자들에게서 드러난 특징적인 성향은 '앎과 삶의 일치'에 대한 강조였다. "생각한 것을 실천하고 있는가가 중요하다. 말만 해서는 어떤 변화도 만들 수 없다"는 태도는 특히 여성 활동가들에게서 두드러졌다. 활동가들은 실천하는 자신의 모습에서 자부심을 느끼고 있었다.

"앎과 행동, 알면 행동을 해야 되잖아요. 정치가 술자리에서만 이루어지고 말로서만 이루어지면 뭐해요? 몸으로 그걸 실행에 옮기는 건 다 이 동네에 사는 평범한 주부들이었어요."

"마이크 잡고 시위하는데 '나한테 이런 모습이 있을 수 있구나'라는 생각을 했고, 2014년 세월호 사건이 있어서 그때 결심한 것도 있었던 것 같아요. '더 이상 그냥 무관심하게 보내면 안 되겠다'라는 생각을 했었고. 그렇게 활동하고 (중략) 만들면서 정말 전율을 느꼈던 것 같아요."

양심과 행동의 일치에 대한 추구는 알린스키(Alinsky)가 사회변혁의 주체로 호명하는 '급진주의자'를 닮아있다. 알린스키는 '전체 영역의 한 극단에서 눈부신 전망을 보고 실행함으로써 모든 위험을 무릅쓴 이들'이라고 급진주의자를 설명하면서 사회의 변화는 오직 급격한 변화를 추구하고 행동하는 급진주의자들에 의해 이뤄진다고 했다. 사회의 변화는 천천히 진화하는 방식으로 나타나는 것이 아니라 혁명적 변화를 추구하는 사람들이 성취한 변화의 축적으로 생긴다는 것이다. 알린스키는 '진화란 참여하지 않은 사람들이 특정한 일련의 혁명들이 모여서 어떤 주요한 사회변화로 귀결되는 것을 나타내기 위해 사용하는 단어일 뿐'이라고 말한다.

1990년대 초반 '북유럽 같은 차가운 무관심의 도시'로 표현되던 과천이 2000년대 '이웃들과 쉼 없이 이야기 나누고 활동하는 활력 있는 도시'로 변화됐다는 것은 변화를 만든 작은 혁명적 실천들이 있었다는 증거이다. "모든 노동의 가치는 동등하다"라는 품앗이 정신을 대안 경제의 방식으로 지역사회에 뿌리내리게 했던 '과천품앗이'의 실천, '모든 어린이가 행복한 지역사회를 위해' 사회적 안전망을 만들고자 했던 '맑은내방과후학교'의 실천, 지역의 공론장이 될 거점 공간이 필요하다고 뜻을 모으면 '마을카페 통'을 만들어내는 실천 등 활동가들의 급진적 실천이 누적되어 과천이라는 작은 지역사회를 변화시킨 것이다. 이런 실천이 시민사회가 지역사회에 일정한 헤게모니를 가질 수 있게 했다.

분노는 나의 힘

지역에서 활동하다 보면 시민들은 자연스럽게 지역 행정과 만나게 된다. 함께 해결해야 할 생활상의 문제를 만나면 '이런 건 시(市)에서 좀 해결해야 하는 게 아닌가?' 자연스레 의문이 드는 것이다. 그렇다면 행정이나 정치권의 역할이 있어야 하지 않을까 기대가 이어진다. 문제해결 방안을 찾는 과정에서 참여자들은 자연스럽게 행정공무원 또는 정치인들을 찾게 되고 지역정치에 대한 경험을 쌓게 된다. 환경, 교육, 소비자, 복지 등 생활상의 요구에 바탕한 시민참여 영역과 행정 통제 영역 간 차이의 발생이 한국 사회 갈등의 주요한 축 중 하나이다.

선거인단 참여자들은 대부분 비슷한 과정을 경험했고 그 과정에서 실망감을 느꼈다고 한다. 사안의 본질이나 문제해결에 관심 없이 피상적 제스처에 그치는 모습, 권위적이거나 통제적인 모습, 공공성에 대한 고민 없이 책임을 회피하는 모습 등을 본 것이다. 때로는 실망을 넘어 이들 때문에 자신의 삶과 지역활동이 방해받거나 어려워졌다는 분노도 느끼게 되었다.

> "(정치나 행정과의 소통은) 잘 안 됐죠. 만날 일은 많죠. 단체 행사할 때 꼭 나타나시고. 그런데 참 바람직한 정치인이나 호감을 주는 정치인에 대한 기억은 별로 없었던 것 같아요."

> "담당 공무원이 와서, '강사 선정에 문제가 있다. 시민을 선동하는 발언을 했다. 부적절한 강사다.' 등 시민의 질이 어쩌고 굉장히 모독적인 언사를 하더라고요. 그래서 거기서 소리 지르고 싸웠어요."

중앙에서 생겨난 갈등들은 추상화되거나 모호해지기 쉽다. 하지만 지역에서 부딪치는 생활의 문제들은 명료하고 종종 이해관계도 쉽게 드러난다. 정치인이나 공무원들이 어떤 시선으로 사안을 바라보고 누구를 바라보며 일을 하는지 시민들은 즉각적으로 느낀다. 사안이 관철되지 않았을 때 누가 피해를 보고 손해를 입는지도 피부에 와 닿는다. 행정의 필요에 따라 시민들의 요구와 목소리가 재단되고 방해받는다. 그런 개인적 경험들은 쉽게 주변과 공유되고 시민을 위한 정치의 필요를 각성시킨다. 공통된 자기 경험에 기반을 둔 참여는 더욱 힘을 얻게 된다.

"시의원들이 반대한다. 그 일련의 과정을 같이 있으면서 듣게 된 거죠. '이게 뭐지? 왜 이렇게 장난질을 치지? 안 당연한 일들을 저렇게 하고 있구나. 자기들 (정치) 생각만 하고. 자기들 필요한 대로만…' 의회 회의록 다 찾아봤어요."

"엄청 심했죠. (시의회에서) 예산 안 주고, 문화원에서 무슨 프로그램을 같이했는데 '○○' 이름(단체명) 들어갔다고 없애고, (단체 이름 들어간 것 때문에) 마을공동체 사업 없어지고."

정치와 행정에 분노를 느낀 참여자들은 적극적으로 해법을 모색했다. 선거가 다가오면 자신들을 대변해 줄 정치 후보자들을 살펴보고,

적극적으로 지지하거나 선거운동을 돕는 일에 나섰다. 거대정당들이 막강한 영향력을 발휘하는 지방선거에서 무소속 혹은 진보정당 후보들을 헌신적으로 지원하기도 했다. 그러나 희망과 기대를 안고 열성적으로 지지했던 정치인들의 모습이 만족스럽지 않을 때 참여자들은 이들에게도 비판을 가했다.

> "시민활동과 소통해서 시의원 선거를 하고 그 힘으로 당선이 돼요. 근데 이 사람들이 막상 들어가면 좀 달라지는 것 같아요. 안에서는 그게(원내정치) 중점적으로 보이니까. 정말 뭔가를 바꿔내려는 활동이라면 장외 활동과 잘 소통하고 활용해야 된다고 보는데 그렇지 않은 거죠."

이런 분노와 불만들이 2014 시민선거인단 결성의 결정적 동력이 되었다. 체계에 대한 것이든 정치인 개인에 대한 것이든 참여자들은 지역정치와 관련된 불만을 삭이거나 그 지점에 멈춰 서지 않았다. 분노는 또 다른 문제의식의 출발점이 되었다. 이런 문제의식을 나눌 이웃들이 있으니 관련된 공론장도 만들어지고, 제도정치에 대해서도 필요하다면 행동에 나서야 한다는 분위기가 조성되었다.

II. 과천 풀뿌리 시민조직의 제도정치 참여

1. 2014년 1차 시민선거인단
2. 2018년 2차 시민선거인단
3. 2022년 3차 시민선거인단

Ⅱ. 과천 풀뿌리 시민조직의 제도정치 참여

1. 2014년 1차 시민선거인단

힘의 주체에 권력을!

시민의 정치참여는 선거와 같은 제도적 활동부터 서명운동, 시민단체 활동 등 비제도적 실천까지 다양한 층위로 이루어진다. 참여의 장은 누구에게나 열려있는 기회이기도 하다. 그러나 정당 활동에 적극적으로 참여하거나 제도권 정치에 도전하는 수준의 정치참여는 여전히 평범한 시민들에게는 먼 이야기로 여겨지곤 한다. 그렇다면 과천 시민선거인단 참여자들은 어떻게 이러한 직접적인 정치참여의 길을 선택하게 되었을까?

과천의 시민선거인단 참여자들은 다양한 공동체 활동을 통해 지역사회 변화를 직접 체감하며 '효능감'을 얻었다. 이 과정에서 공무원이나 정치인의 소극적이거나 적대적인 태도에 대한 문제의식도 생겼다. 정치가 바뀌어야 한다고 느낀 이들은 대형 정당이 아니더라도 자신들의 목소리를 대변해 줄 수 있다고 믿은 진보정당이나 무소속 후보를 적극 지지하며 이들을 지방의회에 진출시키고자 했다. 특히 '맑은내방과후' 활동을 통해 단체 간 연대의 경험이 쌓인 뒤에는, 이 에너지가 자연스럽게 선거운동으로까지 확산되었다. 2006년 지방선거를 시작으로 2008년 총선, 2010년 지방선거까지 과천의 시민활동가들은 지역 진보진영의 선거운동에 헌신적으로 참여했었다.

> "전 같으면 이 사람은 어떻고 저떻고 평가했을 텐데, 그때(2006년 선거)는 그냥 '우리 후보', '우리 후보'. 정말 선거운동 하던 모든 이들이 자신을 팔면서 선거운동을 했던 것 같아요. 그때 선거캠프 자원봉사자가 연인원 100명을 넘었어요."

그 결과, 2006년에는 진보정당 후보 1인과 무소속 후보 1인이 당선되었다. 2010년 지방선거에서는 두 후보가 재선에 성공했을 뿐만 아니라 비례대표 의석까지 확보하면서 총 7석 중 3석을 차지하는 성과를 거두었다. 그러나 선거 이후 여성 활동가들 사이에서 불만과 문제 제기가 나타났다.

과천의 시민활동가들과 활발히 소통해 온 시민운동가 이호는 2011년 여성 활동가들과의 만남에서 이들이 "지난 선거에서의 성공적 경험이 정작 지역 여성들인 자신들에게는 그리 만족스럽지 못했다. 즉, 자신들이 소모되었다는 느낌을 강하게 갖고 있었다"고 평가한다. 주요 불만은 의정활동 과정에서 활동가들과의 소통 부족, 후보자 선정 과정에서의 배제, 지역운동이 특정 정치인의 공적으로만 전유되는 데서 오는 허탈감 등이었다. 문제의식을 공유한 여성 활동가들은 2010년 지방선거 직후 '파프리카'라는 느슨한 네트워크를 결성하고 꾸준히 토론을 이어갔다.

그들의 문제의식은 점차 선명해졌다. 지역활동의 주체는 자신들인데, 그 힘이 정치적으로 표현되는 방식은 정당이나 남성 정치인 등을 '통해'야만 했다. 자신들은 늘 누군가에게 '부탁하는' 위치에 머물러 있었다. 일본 **가나가와 네트워크**에서 시민단체가 직접 후보를 추천해 의회에 진출시킨 '대리인 정치' 사례는 이들에게 중요한 참조 사례가 되었다.

Tip 가나가와 네트워크

가나가와 네트워크는 일본 생활클럽 소비자생협에서 출발한 지역정치운동이다. 주로 여성으로 구성된 회원들은 소비자·환경운동 과정에서 정치적 저항에 직면하자 지방선거에 직접 출마하기 시작했다. 이 운동의 후보들은 거대 정당에 소속되지 않고 독립적으로 출마하며, 식품 안전, 쓰레기 감축, 환경보호와 같은 풀뿌리 의제에 집중한다. 이를 통해 여성들이 직접 지방정치에 참여하고, 하향식이 아닌 지역사회의 필요에 기반한 상향식 거버넌스를 만들어냈다.

"다음 선거에는 이 안에서 여성 활동가들, 그러니까 평소 지역에서 활동을 꾸준히 한 사람들 속에서 후보를 반드시 내야겠다. 정치에 직접 참여해 봐야겠다."

논의는 점차 대의제의 한계를 향한 비판, 시민으로서의 정치적 권리에 대한 자각, 지역정치에 대한 구조적 문제의식으로 확대되었다. 여성 활동가들뿐 아니라 비슷한 인식을 가진 남성 활동가들도 논의에 함께하기 시작했다. "우리가 곧 힘의 주체이며, 그 힘을 직접 행사해야 한다"는 인식은 2014년 과천 시민선거인단 결성의 직접적 동인이 되었다.

시민선거인단 활동은 단순한 선거 지원이 아니라 시민들이 자신들의 정치적 힘을 구조화해 내는 공론장이었다. 지역활동의 주체인 시민이 더 이상 권력의 주변인이 아닌 중심이 되어야 한다는 문제의식을 바탕으로 자발적 결사체를 만들고 정치참여의 실험을 시작했다.

무엇보다 중요한 점은, 이런 풀뿌리 정치참여가 하루아침에 가능했던 일이 아니라는 것이다. 건강하고 활동력 있는 풀뿌리 시민사회가 형성되어 있었기에 가능한 일이었다. 단지 한두 번의 선거 경험이나 일회성 운동으로 만들어진 것이 아니다. 오랜 시간 공동체 속에서 쌓인 신뢰와 실천, 지역을 삶의 공간이자 정치의 공간으로 바라보는 감각이 있었기에 가능한 일이었다. 씨 뿌리기 없는 땅에서 열매를 거둘 수 없듯, 일상의 정치적 감수성과 조직된 시민사회의 기반 없이 풀뿌리민주주의라는 열매를 기대할 수는 없는 것이다.

'나'들의 선거

1차 과천 시민선거인단 결성 주요 과정

일 시	내 용
2010년 지방선거 이후 ~	'파프리카' 모임
2013. 11. 18.	오픈 컨퍼런스 : 풀뿌리들의 정치를 상상하다
2014. 1. 23.	내가 만드는 시의원 모임
~	운영위 체제로 준비
2014. 2. 22.	〈과천풀뿌리정치모임〉 회원모집 시작
2014. 2. 24. ~ 3. 12.	시민후보 추천
2014. 3. 8.	회원강좌 : 상상하라 다른 정치
2014. 3. 22.	시민공천파티
2014. 6. 4.	지방선거일

*〈과천풀뿌리정치모임〉을 1차 과천 시민선거인단으로 간주

'파프리카'의 공론장 시기를 거쳐, 활동가들은 지방선거를 앞둔 2013년 11월 18일 〈풀뿌리들의 정치를 상상하다〉라는 주제로 오픈 컨퍼런스를 열었다. 여성 활동가들이 주축이 되었으나 성별에 상관없이 문제의식을 공유하는 자리였다. 이 모임에서 '정치집단과 시민단체 활동을 네트워킹하고 정책 생성의 역할을 하는 정당 성격의 활동'이 필요하다는 목소리, '시민사회의 범위를 벗어나 좀 더 다양한 시민과 만날 수 있고 토론을 통해 합의한 것들이 실행되는 공론장'을 원한다는 목소리들이 나왔다. 방안으로는 첫째, 어려운 지자체장을 바꾸기보다 현실적으로 가능한 시민후보로 시의원을 만들 것 둘째,

이웃들의 자치역량을 강화해 나가는 모임을 만들자는 것 등에 의견이 모아졌다. 운동과 정치가 함께 어우러질 수 있는 급진적 민주주의 모델의 새로운 정치 실험이 제안됐고 실천을 선언한 것이다.

2014년 1월 23일, 〈내가 만드는 시의원 모임〉을 열고 '후보가 아닌 동네 사람들이 선거의 주인이 되기 위해서는 후보를 정하는 단계부터 자신들의 의사를 적극적으로 개진할 수 있어야 함'을 공유하였다. '자기 목소리를 내고, 공론의 장을 만들'어 가자는 데 뜻을 모은 것이다. 참여자들은 이전에도 지역에서 경선의 형태로 진보정당 후보를 정한 적이 있었지만 후보자의 선정 과정은 시민들에게 열려있지 않았음을 문제로 지적했다.

2014년 2월 22일부터 1차 과천 시민선거인단으로 볼 수 있는 〈과천풀뿌리정치모임〉의 회원모집이 시작된다. 정치모임이었지만 정당이 될 수는 없었다. 우리나라는 지역정당을 만드는 것이 현 **정당법** 상 불가능하기 때문이다. 그러나 이들은 괘념치 않고 '정치의 문턱을 낮추고 직접민주주의를 실천'하는 시민모임을 시작한다. 향후 계획으로는 다양한 시민 공론장 형성을 위한 방안(관심 주제별 모임 지원 및 포럼 개최, 소식지 발간, 의원-회원 간 정기간담회)들과 시민후보의 원칙(시민직접선출, 의원교대제, 자동연임 제한, 1회연임 가능, 시의원 활동공유 의무, 자원과 권한 배분)을 제안했다. 2014년 3월 22일 121명의 회원 중 69명이 현장 출석하여 시민공천파티를 진행하고 시의원 후보 2명을 투표로 선출했다.

Tip 우리나라의 정당설립요건

우리나라 정당법에 의하면, 정당 설립을 위해서는 중앙당 발기인 200명 이상, 5개 이상의 시 · 도당 설치(각 1,000명 이상 당원), 그리고 중앙선관위 등록 절차 등이 필요하다. 전국 정당만 설립 가능하고 작은 규모의 지역정당이나 특정 의제를 중심으로 한 소수정당은 설립되기 어려운 조건이다. 지역정당 활동이 활발한 독일이나 실질적 영향력과 관계없이 설립만큼은 자유로운 미국의 사례 등과 비교해 보면, 우리의 정당법은 지역 기반 · 소규모 정당의 출현을 제약한다. 이는 민주적 대표성 확대와 다양성 측면에서의 논쟁을 불러일으킨다.

"우리들이 해도, 정당이 아니어도 뭔가를 해낼 수 있다는 그런 것들이 느껴지고 과천에서는 또 실질적으로 그렇게 해왔으니까. '당연히 꼭 당이 있어야 되나 뭐?'라는 생각이 들었거든요."

정당이라는 체계에 구애받지 않고 운동과 정치의 경계를 넘나들겠다는 목표는 야심차고 급진적인 것이다. 풀뿌리 공론장에서 수시로 만나고 일상적 활동 속에서 신뢰를 다진 참여자들은 문턱을 전혀 높게 느끼지 않았다. 늘 함께하면서 즐겁고 보람됐으니 이번에도 그럴 수 있으리라는 자신감이 있었다. 지역의 중요 이벤트에 '나도 빠지고 싶지 않다'는 호기심과 참여 의욕이 자극됐다고도 한다. 강한 지역 네트워크의 경험과 힘이 정치참여의 부담감을 희석시킨 것이다.

시민선거인단 참가자들은 자원봉사자로 선거운동 과정에도 열정적으로 함께했다. 시민선거인단의 열기는 '나'들의 선거, '우리'의 선거를 만들었다. 법적으로 정해진 선거운동원 외에 자발적으로 나선 수십 명의 지지자가 선거운동 사무실을 가득 채우고 이웃들을 초대했다. 함께 바느질한 브로치를 달고 손 팻말을 들고 후보의 주변을 무리 지어 따라다니는, 지방 시의원 선거에서 보기 힘든 유세 광경이 연출되었다.

> "지금까지 과천 시내에서 벌인 선거운동 중에 최전성기가 아니었을까 생각돼요. 유세에 사람들이 후보를 이끌고 다니는 자발적인 참여의 즐거움. 그 자체가 아름다운 이벤트였어요."

선거 결과는 성공적이었다. 2개 지역구에서 1명씩, 2명의 시의원을 당선시킨 시민선거인단은 '과천풀뿌리'라는 지역 정치조직을 만들고 당선된 시의원들과 함께 제도정치에 본격적으로 참여하기로 했다. 선거 과정에서 시민들과 폭넓게 소통할 수 있었으며 그 과정을 통해 성공의 자신감, 연대의 기반, 역량의 성장뿐 아니라 조직을 얻었다고 자평했다. 정체성과 체계성, 아젠다의 제시에 있어서는 부족했으나 시민들이 진정성을 높이 평가한 것이라고 보았다.

> "무소속 시민후보의 당선이 저는 좋다고 생각했어요. 진보정당에 대한 지지는 다른 선택지가 없기 때문에 했던 부분이 강해요. 양대 정당 이외에 다른 선택지가 없으니까 진보적 시민을 대변할 수 있는 정당에 표를 준건

데, 그렇지 않은 선택지가 생겼을 때, 누가 정말 시민과 밀착해서 지역정치에서 활동할 수 있겠느냐는 판단을 내렸던 거죠."

일반 유권자들에게도 시민선거인단의 시도는 신선한 바람으로 다가왔다. 양당에 실망하면서 '진보정당인 건가?'라며 고민하던 시민들이 지역정치를 정말 지역정치답게 해낼 수 있는 대안으로 정당이 아닌 시민세력을 선택했다. 오랜 활동으로 신뢰를 얻은 그룹이었던 만큼, 지역정치의 자극제이자 대안이 될 수 있다고 본 것이다.

환희, 그리고 갈등의 시작

"어깨 힘 들어가죠. 장난 아니죠. 이게 기존 정당하고 좀 다른 게, 시민들이 같이해서 만든 거란 느낌이 있기 때문에… 그땐 정말 본인들이 시의장, 시의원이 된 것 같은 느낌들이었던 것 같아요."

시민모임이 전혀 새로운 방식으로 후보자를 선출하고 선거에 임해 승리한 만큼 그 반향은 컸다. 절실하게 선거운동에 참여했던 여성 활동가들을 중심으로 두 시의원들에 대한 기대도 컸고, 과천풀뿌리 활동에 대한 관심도 폭발적이었다. 그러나 모두가 환호하기만 한 것은 아니었다. 다양한 갈등이 이들을 기다리고 있었다.

2014년 지방선거는 과천풀뿌리와 정의당 간의 단일화가 이루어지지 않은 채로 진행되었다. 시의원 선거에 진보 후보들의 병립이 우려되자, 오랫동안 지역 시민운동을 함께했던 진보정당 계열의 사람들이 크게 반발했다. 무소속 선거 참여가 진보진영 내부에 분열을 가져오기 때문에 보수정당에 유리한 선거가 된다는 것이었다. 중앙정치에서 항상 '비판적 지지'의 피해자였던 진보정당도 지역에서는 비슷한 논리로 '정치적 세'를 유지하려 한 셈이다. 결과적으로 제6회 지방선거에서는 과천시 가 · 나의 두 선거구에 각각 정의당과 과천풀뿌리 의원이 1인씩 출마했다. 선거 결과는 가 선거구 과천풀뿌리 16.08%, 정의당 8.68%, 나 선거구 과천풀뿌리 14.24%, 정의당 7.30%로, 과천풀뿌리 소속의 후보 2명이 각 선거구에서 3등으로 당선되었고 정의당 의원들은 모두 낙선하였다. 선거 결과는 과천풀뿌리의 성공이었지만 2006년 선거 이후 지속되어 온 진영 전체의 협력은 깨지게 된다.

원내 정당이 된 과천풀뿌리에게는 행정을 견제해야 하는 임무 또한 생겼다. 활동가 입장으로 시정에 대한 불만을 토로하는 것과는 무게가 다른 정치적 행위자의 역할이 요구되었다. 과천풀뿌리는 2명의 초선의원들과 함께 무거운 책임감을 느끼며 시정과의 갈등을 준비해야 했다.

시정 견제를 비롯하여 타 정당들과의 관계에서 발생하게 되는 갈등의 조짐은 선거 직후 과천풀뿌리 내부에서도 생겨났다. 새로운 시도와 하나의 목표를 향해 달리던 동안 드러나지 않았던 활동가들 내부의 갈등도 하나둘 드러나기 시작했다. 각자 독립적으로 활동하다 프로젝트별로 유연하게 결합하던 이들에게 만들기보다 어렵다는 정치조직을 운영하고 지키기 위한 싸움들이 기다리고 있었다.

과천풀뿌리의 정치활동

과천풀뿌리는 2명의 시의원과 함께 시민자치 역량강화와 공론장 활성화를 통해 참여정치를 구현하는 것을 목표로 다양한 활동을 펼쳐나갔다. 2015년 과천풀뿌리는 과천 시민 전체를 대상으로 열린광장과 소식지 발간, 간담회와 토론회 등 공론장을 만들기 위한 다양한 자체 사업을 펼쳐나갔다. 운영위원회 외에 상근활동가는 1명뿐인 단체였지만(초창기 2인에서 1인으로 변동) 자체 행사 외에, 행정업무 부담이 있는 도 보조금 사업까지 신청해 지역 네트워킹을 위한 '지역단체 관계망 조사'와 '어울림 사업'을 진행한 점이 눈에 띈다. '시민들 속으로 더 넓고 깊게'라는 목표를 달성하면서 과천풀뿌리의 존재감을 각인시켰다. 새로운 시민정치문화를 확산시키고자 무리가 되더라도 적극적으로 다방면의 활동을 펼쳐나갔다.

2015 과천풀뿌리 사업내용

구 분		내 용
시민과의 만남	열린 광장	• 제2회 열린광장(2/28) : '모의 시의회', 학교운영위 • 제3회 열린광장(10/3) : "果 천이냐 馬 천이냐"
	계간 소식지 발간	• 제2호(1/25) : 과천시 예산, 이마트 입점, 민간단체 보조금 • 제3호(5/25) : 승마체험장 · 캠핑장, 직접민주주의 • 제4호(7/25) : "우리는 이런 마을을 꿈꾼다", 말축제 • 제5호(11/20) : 승마체험장 · 캠핑장 들여다보기, 쫌별난 시장
	토론회 간담회	• '전설의 학교운영위, 그땐 그랬지'(2/7) • 승마체험장 · 캠핑장 토론회(3/27, 최초 이슈 공론화) • "과천시 민간보조금 이대로 좋은가"(6/3)
시정감시 활동	승마 체험장 · 캠핑장 반대	• 승마체험장 · 캠핑장 반대 시민대책위 발족(4/7) • 시민대책위 반대서명운동(4/11~) • 승마체험장 · 캠핑장 시민 대토론회(4/30) • 시민대책위 주민의견서 전달(5/14) • 시민대책위 주민의견서 2차 전달(7/27) • 시민대책위 기자회견(10/27) • 과천시의회 승마체험장 · 캠핑장 예산 전액 삭감(10/29) • 과천시의회 추경예산 심의, 예산 전액 삭감(11/26)
	예산 감시	• 추경 예산 설명회(6/7) • 2016 과천시 예산 설명회(11/30)
조직역량 강화	회원 모임	• 회원 워크숍 "우리는 마을을 꿈꾼다"(7/15) • 회원 워크숍 "2015 and 2016"(2016년 1/23) • 과천풀뿌리 사무실 이전 및 개소식(7/18) • 과천풀뿌리 송년회(12/29)
	정책 연구 모임	• 1차 모임(6/21) : 시민사회 역량강화, 새로운 아젠다 • 2~5차 모임(10월~) : 과천풀뿌리 평가 및 향후 활동방향

네트워크 사업	조사 사업	• 지역 단체 인터뷰 조사(6~9월)
	어울림 사업	• 단체 간담회(9/4, 11/6), 단체활동가 워크숍(11/27~28) • 리더십, 퍼실리테이터 교육(10~11월, 총 5회) • 활동가 실무역량 강화교육(11월, 총 7회) • 참여예산 교육모임(9월, 총 3회) • 참여예산학교(10월, 총 2회) • 과천 43개 단체 인터뷰(9~11월) • 단체 소개 책자 '과천씨날' 발간(12월)

시의원들의 의정활동 방식도 시민 협력과 참여를 강조하는 방향으로 진행되었다. 주민참여예산 조례 전면개정 과정에서 의원들은 스스로 개정을 주도하는 것이 아니라 과천 시민연구모임을 구성해 함께 개정 내용을 만들어가는 방식을 취했다. 개정안을 만든 뒤에는 주민들을 대상으로 참여예산제 교육을 진행하고, 과천동 등 일부 동에서는 자발적인 주민 의견수렴 활동을 진행하기도 했다. 주민의 정치적 관심과 자치역량을 끌어올리기 위해 다양한 노력을 기울였다.

이런 활동들은 모두 과천풀뿌리의 일상적 운영을 통해 협의·결정·집행되었다. 2명의 시의원과 대표, 상근활동가가 참여하는 정례회의는 매주, 운영위원회는 매월 열렸다. 여기에서 시정 공유, 주요 사업의 논의와 집행, 평가를 모두 맡았다. 2명의 전업 정치인, 1명의 상근활동가 외에는 모두 별도의 자기 일이 있는 생활인들의 자발적 참여 활동이었다. 과중한 업무일 수 있지만 시민정치의 독보적 사례였던 만큼 모두가 헌신적인 노력을 이어갔다.

과천풀뿌리는 시정 현안에 대한 설명회와 다양한 시민참여 교육을 이어갔다. 임기의 마지막 해인 2018년 예산안에 대해서는 시민들을 초대해 '모의 시의회'를 열기도 했다. 과천시와 과천시의회가 별도의 공청회를 열지 않았기에 시민들에게 예산안을 설명한 유일한 자리였다. 쟁점이 되는 예산안에 대한 설명과 질의응답을 마치고 시민들에게 예산의 우선순위를 다시 묻자 시민들은 과천시 행정부와 시의회가 결정한 것과는 다른 선택을 했다. 대표성을 갖는 모임은 아니었지만, 시민들에게 충분한 참여의 기회가 보장된다면 시정의 우선순위는 다르게 매겨질 수도 있었음을 보여주는 사례이다. 참여했던 시민들의 시정에 대한 이해와 관심이 높아진 것은 물론이다. 과천풀뿌리는 이런 실천들을 통해 시민참여 정치의 효능감을 지속적으로 높였다고 할 수 있다.

지역 정치조직의 고민과 갈등

과천풀뿌리는 설립 후 첫 4년간, 준정당의 역할을 하는 시민정치조직으로 활동하면서 많은 성취와 함께 다양한 어려움들도 겪었다. 다음은 주요한 어려움들에 대한 이야기이다. 두드러진 논란들을 중심으로 살펴보자.

① 탑 다운 vs 바텀 업

과천풀뿌리는 생활정치의 대리인으로 다양한 공론장을 통해 시민들의 생활 속에서 우러나는 새로운 의제들을 퍼 올리고자 했다. 하지만 압도적인 변화를 주도하는 행정의 의제들이 쏟아졌다. 사안들이 곧바로 의원들을 통해 과천풀뿌리와 공유되면서 탑 다운식 의제가 공론화되는 일들이 많아졌다. 2014년 지방선거에서 '과천을 강남벨트로'라는 슬로건으로 당선된 신임 시장은 급속한 재건축 드라이브를 걸어 12개 아파트 단지 중 절반인 6개 단지의 동시 재건축을 허가했다. 급격하고 거대한 도시의 변화가 작은 생활의 의제들을 압도하고 밀어냈다. 또한 '말(馬)축제'와 '승마장 · 캠핑장 반대 운동' 같은 굵직한 이슈들이 1년 이상 지속되면서 과천풀뿌리의 주요 의제는 점차 행정에 대한 저항에 집중되었다.

"계속 반대 운동, 반대 운동, 반대 운동 위로부터 막아내는 활동을 하다 보니까 아래로부터의 생활정치는 못하는 거죠… 사실 되게 모호해요. 뭐가 생활정치냐. 공동체들이 다 무너져 내려가고 사람들 다 쫓겨나가고 온 도시는 공사판이고 이런 급박한 상황 속에 아래로부터의 주민 이런 게 너무 한가한 거죠. 너무 외형적 변화도 크고, 폭력적으로 사람들이 밀려나고 이런 상황이다 보니까."

"회원들이 각자 무슨 욕구를 가지고 있는지, 의원 빼고 내가 무엇을 하고 싶은지, 내가 동네에서 답답한 게 뭔지를 얘기하자… 그런데 시민들 속에서 활동을 늘리기보다 의원들의 활동에 초점이 모아지고 여기서 목소리 내는 것이 활동의 많은 부분을 차지하게 된 것이 아쉽죠."

제도정치의 주체가 되어 행정의 전 영역을 견제하게 된 만큼 과천풀뿌리의 고민은 깊어졌다. 생활정치를 제도정치로 연결하고 '우리들의 목소리를 내자'는 것이 과천풀뿌리의 정치적 목표였던 만큼 이는 조직 정체성의 문제이기도 했다. 행정을 견제하면서 나오는 문제들로 공론장이 채워지면 시민들의 자발적인 참여 의욕이 떨어질 것이라는 문제의식과, 어디서 비롯됐건 시민생활에 큰 영향을 미친다면 그것이 생활정치가 아닌가 하는 의문이 동시에 있었다. 이는 결국 균형의 문제일 수 있다. 하지만 도시구조 급변기에 행정발 이슈가 끊임없이 던져지면서 조직에는 피로감과 고민이 함께 쌓여갔다. 이 과정에서 의정활동과 시민활동을 구분해야 할지가 중요한 고민거리로 부상했다.

② 정치의 문법 vs 운동의 문법

과천축제 명칭변경과 승마장 · 캠핑장 이슈가 제기되었을 때, 과천풀뿌리는 사안의 폭발력을 알아보고 재빠르게 시민들과 정보를 공유했다. 시민대책위원회가 만들어지자 과천풀뿌리 의원들은 장외투쟁에 나서기보다는 정보를 공유하고 의회 내 우호 표 확보에 주력했다. 과천풀뿌리는 야당인 민주당 의원들을 효과적으로 설득할 수 있도록 장외에서 협력했다. 과천풀뿌리를 넘어 일반 시민들의 높은 반대 여론 수위가 야당 의원들에게 압박으로 전달되었다. 의회 안팎의 협업을 통해 공론장을 효과적으로 만들어내고 시민들의 뜻이 관철될 수 있는 상황을 만들어 나간 것이다. 결국 시민의 반대의견이 관철되어 성공적이었다고 평가하는 이 사례는 1년여의 힘겨운 장외투쟁과 지난한 행정 및 의회 내에서의 대립 끝에 얻은 결과였다.

> "거의 1년 갔어요. 성과는 있었고, 정말 잘했다 스스로 뿌듯해하고 그랬는데, 그 일 끝나고 첫 예산 심의를 갔는데 2~3주 동안 처음부터 끝까지 풀뿌리 회원들이 단 1명도 방청을 안 왔어요. 이후에 행감 때도. 무슨 보고를 하면은 그냥 니 말이 맞대. 지친 거죠."

행정과의 긴 갈등을 마치고 나자 내부의 위기가 왔다. 직업 정치인이 아닌 생활인들이 공익에 대한 헌신으로 거대한 행정조직을 상대로 얼마나 끈질기게 시정 · 의정 감시 활동을 해나갈 수 있을지, 이후로 또 얼마나 큰 문제가 얼마나 많이 기다리고 있을지 참여자들은 두려움을 느꼈다고 한다. 과천풀뿌리 의원들도 마찬가지였다. 한두 사람이 책임지는 방식이 아니라 조직이 균형을 잡아가며 상황을 조절해야 하는 조직 역량의 필요성이 절실해졌다.

정치는 대화와 타협을 전제로 한다. 운동은 의제의 관철을 목표로 한다. 모든 정치 의제들을 다수결 또는 정치적인 거래라는 체제의 법

칙에 맡겨둔다면 운동성을 가진 정치세력들의 공간은 사라진다. 변화의 가능성도 사라질 것이다. 그렇다고 정치를 운동처럼 해낼 수도 없다. 문제의식을 느끼는 모든 사안을 시민운동 방식으로 공론화할 수 없다. 의제와 전략의 선택과 집중이 필요해진 것이다. 아직은 낯선 행정 체계의 시간표에 쫓기면서 대응의 방식을 적절히 판단해 내는 조직 역량이 절실해졌다.

알린스키(Alinsky)는 조직가가 '정치적으로 분열적이지만 동시에 잘 융화된 존재'여야 한다고 했다. 운동과 투쟁의 영역에서 행동해야 할 때는 문제를 100%의 것으로 부각시키지만 협상의 시간이 되면 단지 10%의 차이일 수 있음을 알고 유연하게 임해야 한다는 것이다. 양분된 두 부분이 공존하고 잘 체계화된 사람만이 스스로 분열하면서도 동시에 하나로 뭉쳐 살 수 있다고 했다. 정치인으로서나 시민조직으로서 이런 실천이 가능하려면 많은 경험과 학습, 신뢰와 소통이 전제되어야 한다. 신생 조직 과천풀뿌리는 뛰고, 싸우면서, 배워나가야 하는 어려운 과제를 안고 있었다.

③ 대표자인가 대리인인가?

"재량과 권한 문제인데. 어느 정도 큰 부분은 함께 의논해서 결정하도록 하고 나머지 부분은 (정치인에게) 어느 정도의 자유를 주고 그래야 하는데 그 경계를 정하는 게 참 쉽지는 않더라고요."

두 풀뿌리 의원의 다른 의정 스타일은 정치인이 자율성을 가진 대표자여야 하는지 철저한 대리인이어야 하는지에 대한 논쟁을 낳았다. 과천풀뿌리 내에서 '대리인 정치'에 대한 합의는 선거인단 결성 과정부터 이미 있었던 것이지만, 막상 의정활동이 시작되자 '대리인 정치'에 대한 구성원들의 기대수준이 서로 달랐음이 드러났다. 논란이 생기자 과천풀뿌리 정책위원회에서는 "과천풀뿌리가 모든 사안에 입장을 가질 필요는 없으며, 그런 경우 의원들의 독자적 재량을 인정한다"는 방침을 만들었다. 그러나 공식 입장을 가질 사안인지에 대한 판단부터 다시 논란에 빠지기도 했다. 이 과정에서 두 의원의 의정활동 방식에 대해 조직 내 갈등이 불거졌다. '대리인 정치'를 표방한 정치단체에서 정치인의 자율성을 어디까지 인정해야 할지도 풀뿌리의 고민 중 하나가 되었다.

"시의원 자체가 하나의 기관인 거잖아요. 나를 뽑아준 당의 의견을 무조건 따라야 된다고 하는데 막상 현장에 나가서 만나보니 반대편이라고 하는 사람들의 이야기도 일리가 있고 그 의견을 무시할 수가 없었다고 하면, 조율을 할 필요가 있는 거지 무조건 따라야 된다는 건 좀…. 다른 의견을 용납하지 않는 태도는 많이 당황스러웠어요."

"모두 처음이었으니까… 의원과의 관계에 대해서 좀 더 구체적으로 세밀하게 공식화된 뭔가 문서나 협약 이런 것들이 좀 더 디테일하게 필요하지

> 않았나 싶어요. 조금 더 디테일했으면 갈등이나 문제를 조금 더 축소시킬 수 있지 않았을까 하는 거죠. 왜냐하면 몰랐으니까."

'제도정치에 참여한 풀뿌리 시민조직'이라는 특수한 정체성만큼 조직을 대표하는 정치인들과 조직 모두에게 제도정치 적응과 조직 안정을 위한 유연한 태도가 필요했을 것이다. 갈등을 적절히 통제할 공적 소통 체계의 미비 속에서 불거진 갈등은 점차 균열을 만들었다. 결국 소속 시의원 1인이 임기를 마치기 전에 과천풀뿌리를 탈퇴하는 일이 벌어졌다.

> "존중도 부족했고 탈퇴도 독단적이었고, 너무 분개했는데 '정치에서는 원래 있을 수도 있는 일이야' 그러시더라고요. 정당에서 탈당하고 다른 당 가는 것처럼… 기성(제도)정치니까 이렇게 해도 되는 건지, 아니면 우린 달랐어야 했는지 충분히 이야기하지 못한 것 같아요."

시민활동에서 쌓은 신뢰의 토대 위에서 과천풀뿌리 성원들은 '우리는 다를 것'이라는 자부심을 가지고 새로운 방식의 정치를 추구했다. 그러나 현실로 드러난 균열의 결과에 참여자들은 깊게 상처 입었다.

④ 자원의 부족, 소수에게 집중되는 부담

정체성과 체계성의 미비는 과천풀뿌리 스스로 선거평가 때부터 인정했던 조직의 한계였다. 과천풀뿌리에는 정책을 만들고 외부의 공격에 대해 논리적으로 스스로를 방어할 수 있을 만큼 명확하게 공유된 정치적 토대가 없었다. 이는 정치조직에는 핵심적인 자원이다. 그러나 '주민자치 추구'라는 대의하에, 뛰면서 만들어가는 정치를 상정하고 관계를 바탕으로 일단 시작한 조직인 만큼 시스템의 안과 밖에는 약점이 많았다. 특히 내외부 소통과정에서 시스템의 미비는 두드러졌고 갈등의 빌미가 되었다.

> "풀뿌리는 관계 중심이고 사람 중심이란 말이에요. 가치가 명확하고 가치를 중심으로 하는 조직이면 약간 문제가 있더라도 넘어가고 시간이 지나면 해결이 되기도 하고 그러는데, 우리는 여기 매몰되는 거예요. 관계 문제에 확 빠져버리고… 우리가 정당정치에 대한 이해가 없는 거예요. 동아리 활동하던 식인 거죠."

이런 상황 속에서도 시민참여 정치의 가시적 성과를 만들어내야 한다는 부담감은 컸다. 이전에는 공감하는 이슈가 있을 때마다 자발적으로 모이는 형식이었다면 이제는 일상적으로 지역정치 관련 사업을 만들고 유지해 나가야 한다고 느꼈다. 더 많은 인력과 시간이 필요해진 것이다.

과천풀뿌리는 회비와 시의원들의 의정 활동비 일정 부분을 받아 유급 상근자와 조직활동을 유지하는 구조였다. 출범 초기, 2명의 상근자를 두고 조직을 운영했으나 유급 상근자는 곧 1명으로 줄었다. 의원들과 상근자, 운영위가 과중한 업무에 노출될 수밖에 없는 구조였다. 게다가 운영위원들은 대부분 다른 단체의 활동가들이기도 했다. 시간, 인력, 자금 등 자원의 한계 속에서 소수의 인원에게 집중되는 업무 구조는 피로의 누적을 낳고 조직활동의 지속가능성을 떨어뜨려 갔다. 급격한 재건축 흐름과 맞물려 대규모 이주가 이어지면서 과천풀뿌리의 외연은 확장되기는커녕 축소되었다. 소수 활동가의 헌신에 의존하며 팽팽하게 유지되던 조직의 균형은 내부 갈등이 폭발하자 급속히 무너졌다.

2. 2018년 2차 시민선거인단

세력 유지를 위한 연대

과천풀뿌리의 내부 갈등이 누적되면서 2017년 의원 1인이 과천풀뿌리를 탈퇴했고 이후 운영위 총사퇴가 이어졌다. 조직은 위기에 빠졌다. 당혹감 속에 과천풀뿌리는 2018년 지방선거 참여에 대한 내부 논의를 진행했다. 정치조직으로 또 선거에 참여할 것인지를 두고 찬반 이견이 분분했으나 이들은 결국 선거 참여를 결의한다. 여러 어려움에도 불구하고 제도정치 참여의 효능감에 대한 공감대가 더 컸던 것이다. 그러나 지난 활동방식이 위기를 가져온 만큼 보완을 위해 새로운 틀을 갖출 필요성이 제기되었다. 그 결과 과천풀뿌리는 제7회 지방선거에서 타 정당 및 지역단체들과 연대하여 공동 대응할 것을 제안하게 된다.

> "'또 의원을 낼 거라면 정치조직으로서 좀 더 정치적인 기반을 갖춰야 된다. 의원과 머리 맞대고 여러 가지 다양한 지역의 정치적 의제를 지속적으로 논의할 수 있는 그룹이 필요하다.' 그걸 만들자는 제안을 했던 게 시초가 된 거예요."

이 과정에 대해 정의당은 "(2014년 선거를 거치며) 최대 20%로 추정되는 지역 내 비민주 진보층의 정치적 주도권을 놓고 경쟁하는 상황이 되었고, 정당이 아닌 방식으로 지역정치를 주도하고자 했던 과천풀뿌리 내부에서 자신들의 정당 배제가 활동 폭을 좁혀왔다는 반성이 제기되었다. 선거를 앞두고 지역 내 모든 진보세력을 아우르고 이후에도 지역정치에 공동으로 대처하자는 제안이 나오게 되었으니 누구를 막론하고 그간 주고받은 상처를 치유하고 자기반성을 바탕으로 힘을 모으자는 공감이 자리 잡았다."라고 기록하고 있다. 2014년 선거 이후 분리되었던 지역의 정당 세력과 활동가들 사이에 다시 연대의 계기가 마련된 것이다.

"우리가 못 하는 일을 같이 모여서 하자는데, 하고 싶어도 못 하던 일이 잖아요. 정당에서 지역활동을 어떻게 할 것이냐의 문제이고…. 당원들이 다 들 직장인이라 일부 시간을 내서 정당 활동을 하는 식이 될 수밖에 없었어요. 지역활동으로 만들어지는 데는 정말 여러 단계가 있는 거예요."

"과천녹색당은 14년부터 (지방선거, 총선참여 등) 해온 게 있으니까. 후속 후보를 못 낸 아쉬움이 있었는데, 이런 방법으로 참여할 수 있다면 마다할 이유가 없었던 것 같아요. (지역 연대는) 당에서 지향하는 바이기도 하고, 지역 정당 운동의 일환으로 생각해서 참여한 것 같아요."

"마을 활동했던 사람들이 시의원도 내고 한 거지 시의원을 내려는 목적으로 풀뿌리를 만든 건 아니었다고 생각해요. 그렇게 시의원을 내고 활동을 하다 보니 어느새 정치를 뒷받침하는 뭔가(가 되어서). 어떻게 보면 그래서 힘 빠지고 재미가 없어졌어요. 다함으로 새롭게 해보자고 했을 때는 그렇게 받아들일 수밖에 없었을 것 같아요."

과천풀뿌리는 의정활동과 시민활동을 분리하고 새로운 조직을 통해 정치조직의 무게를 덜어내고자 했다. 과천녹색당, 노동당, 정의당 등 지역의 진보정당들은 당내 뚜렷한 출마 후보가 없는 상황에서 지역 내 세력의 유지와 진보세력의 연대라는 대의에 동감하여 합류했다. 연대의 목표로 제시된 '지역 정당의 추구'라는 방향성에 대해서는 참여 조직들 사이에 이견이 존재했다. 일시적 선거연대로 받아들이는 세력도 있었다. 이견의 조율은 일단 선거 이후로 미루어졌다. 시정과 큰 갈등을 빚었던 공동육아 두근두근방과후 조합원 다수와 일부 시민들도 개인 자격으로 조직에 참여했다. 각 세력들은 모두 4년 전보다 약해져 있었다. 연대의 성사는 정치세력으로서의 외연 확장에 대한 기대보다 각 조직의 내부적 필요에 더 크게 기인한 것일 수 있다. 하지만 세력을 합친다면 새로운 계기를 마련할 수 있으리라는 낙관적 분위기 속에 지방선거를 앞둔 2018년 2월 11일 연대 조직 '과천 시민정치 다함'(이하 〈다함〉)이 창립된다.

과천 진보정당과 시민운동 전체의 협력

2차 과천 시민선거인단 결성 주요 과정

일 시	내 용
2017. 8. 10.	지역정치 상상모임
2017. 9. 17.	민주적 권력 만들기 워크숍
~	준비위원회 운영
2017. 12. 17.	발기인대회
2018. 2. 11.	과천시민정치 다함 창립총회
2018. 3. 4.	정치싸롱
2018. 3. 14.	과천시민정치 다함 지방선거후보자 공천대회
2018. 6. 12.	지방선거일

*〈과천시민정치 다함〉 회원가입으로 2차 과천 시민선거인단 모집

과천풀뿌리의 제안과 지역 진보정당들의 합의로 연대를 위한 공론화 과정들이 진행되었다. 조직들은 연대와 관련하여 각 조직 내부의 공론화 과정을 거쳤고, 시민들과 조직 모두에게 열려있는 지역정치와 시민권, 참여에 대한 공론화 과정이 진행되었다. 상당 기간 서로 다른 그룹으로 어울리기 힘들었던 정치 주체들이 한자리에 모일 수 있는 기회이자 과정이었다. 〈다함〉에는 과천풀뿌리, 노동당, 녹색당, 정의당 등 지역에서 활동하는 정당과 단체, 개인들이 참여했다.

〈다함〉은 공동강령을 만들고 선거 후보자를 시민선거인단 참여방식으로 선출하기로 합의했다. 강령은 지역정치의 네 가지 원칙과 네 가지 도시 비전을 제시했다. 네 가지 원칙은 첫째, 지역정치는 중앙정치와는 다른 고유한 의제와 주체를 갖는다는 '고유성의 정치' 둘째, 선거는 물론 일상 시기에도 시민의 참여를 보장하겠다는 '참여의 정치' 셋째, 정책 결정과 집행과정의 투명성을 보장하자는 '공개의 정치' 넷째, 지역공동체의 여러 목소리를 반영하자는 '다양성의 정치'이다. 과천에 대한 네 가지 도시 비전은 '녹색 도시', '인권 도시', '공동체 도시', '시민 자치 도시'였다.

다시금 과천의 시민세력과 진보정당들은 정치적 연대의 토대를 마련했다. 정당을 중심으로 결정되던 후보선출 과정은 정당과 시민세력 모두를 포함하는 열린 과정으로 재편되었다. 연대와 세력화를 알리기 위해 전략적으로 지자체장 선거 출마를 결정했다. 지방선거 후보로 시장 후보 1인과 지역구 시의원 후보 2인, 비례대표 후보 1인을 출마시키기로 한 것이다. 후보자 공천대회를 통해 후보를 확정하고 선거운동에 공동으로 임했다. 분야별 정책 세미나를 포함한 차별화된 선거운동으로 주민자치와 지역정치의 가능성을 알리고자 노력했다.

처음 경험하는 진보의원 부재 상황

남북, 북미 정상회담 등 대형 정치 이슈와 함께 민주당 바람이 거센 2018년 지방선거였다. 〈다함〉의 후보들은 시장 후보 10.63%, 시의원 후보 각각 10.97%, 14.58%, 비례 14.26%의 득표에 그치며 모두 낙선했다. 시의회에는 민주당이 5석, 자유한국당이 2석을 얻어 진출했다. 제7회 전국동시지방선거는 과천 진보진영의 후보가 시의회에 진출하지 못한 첫 선거가 되었다. 줄곧 보수정당 후보가 당선되던 과천시 지자체장 선거에서는 처음으로 민주당 후보가 당선되면서 첫 정권교체가 이루어졌다.

시장 후보 출마는 세력화를 위한 전략적 선택이었던 만큼 〈다함〉은 출마 초기부터 민주당과의 단일화 카드를 염두에 두고 있었다. 그러나 단일화 과정이 어려움을 겪으면서 내부는 분열되고 갈등이 커졌다. 전략적 선택보다는 참여자들의 정치적 열망의 표출이 더 중요해졌다. 시장캠프는 완주를 결정했다. 시의원 선거에 대한 낙관적 전망도 한몫했다. 하지만 시장뿐 아니라 시의원 선거까지 모두 낙선하는 결과를 맞는다. 진영 전체는 깊은 충격을 받고 한동안 시민활동 전체가 침체의 분위기에 빠진다.

"너무 반성이 되는 거예요. 너무 안일했지. 이길 거라고 생각을 했었고. 진짜 내 개인적인 역량으로는 최선을 다했지만… 조금 조직적으로 일을 하거나 경험이 있는 분을 데려와서 했으면 좀 낫지 않았을까 그런 아쉬움이 늘 숙제처럼 있죠."

"함께한 시간이 짧았고 공유한 경험이 적었죠. 적은 만큼 충분히 서로를 존중하면서 가야 했는데… 친밀성이 높다는 게 반드시 조직의 성과를 보장해 주지는 않아요."

"도전에 실패했죠. 함께하는 과정에서 목표가 서로 달랐던 지점들이 있었어요. 합의되지 못하면서 이후의 동력이 더 없어져 버렸죠. 선거 연합으로 되니까 선거 끝나고 뿔뿔이 흩어지고, 풀뿌리는 풀뿌리대로 〈다함〉과 역할이 중복되면서 스스로의 정체성과 역할을 못 찾고 그랬던 거 같아요."

과천의 진보정당과 시민정치세력 전체가 연대했고 지역의 주요 진보 정치인들이 망라된 그룹이었던 만큼 조직 내외부의 기대와 평가는 높았다. 하지만 지지층의 상당수를 재건축 이주로 잃어버린 상태에서 세력을 잃은 새로운 조직의 도전은 실패로 끝났다.

결성 과정부터 조직 정체성에 대해 입장 차가 있었던 만큼 〈다함〉은 동상이몽의 협력체였을 수 있다. 그러나 선거 시기마다 후보선정을 둘러싸고 시민사회 내에서 불거졌던 갈등이 이 구조 안에서 원만한 협의와 연대의 방식으로 해소될 수 있었다. 실질적으로 가장 큰 활동력을 가지고 있던 시민활동가 그룹이 정당들과 동등한 정치의 주체로 발언권을 가지게 되었다는 것도 변화한 점이었다.

진행 과정에서 구성 조직 간 의사소통과 활동방식의 차이로 시너지를 내지 못했다는 것은 아쉬운 지점이다. 선거에 임하는 각 조직의 정치적 목표는 연대를 이루기에 충분했지만, 원만한 협업을 만들어내기 위한 이해와 화학적 결합의 경험은 부족했다.

선거 실패 이후, 과천 시민운동 진영은 침체의 분위기에 빠졌다. 조직별 약세를 타개하기 위한 연대였던 만큼 각 조직은 조금씩 더 어려워졌다. 〈다함〉은 운영위를 중심으로 지역 진보정치 진영의 소통 공간 역할을 이어갔다. 공론장 형성을 위한 일정한 시도(지역정치 현안 대응 활동, 회원 교육 활동, 정기 소식지 '월간 다함' 발간, 책 읽기 등 소모임 활동 등)들도 이어졌다. 그러나 의미 있는 공론장의 형성이나 세력의 확대는 이루어지지 않았다. 코로나19 사태도 어려움을 심화시켰다. 〈다함〉은 최종적으로 2022년 해산한다. 〈다함〉의 주요 멤버들은 2022년 지방선거를 앞두고 지역 정당의 필요성을 주장하는 타 지역 헌법소원 주체들과 연대하기 위해 '과천시민정치당'을 창당한다. 〈다함〉은 수명을 다했지만 제도적 한계 때문에 지역의 정치적 열망들이 출구를 찾기 어려운 상황을 타개하는 데 마지막으로 일조하겠다는 것이었다.

3. 2022년 3차 시민선거인단

포기할 수 없는 지역정치

2018년 선거 이후 침체에 빠졌던 과천 시민사회가 2022년 지방선거에서 다시 한번 과천 시민선거인단을 결성하였다. 결성을 위한 가장 큰 동력은 8대 시의회에 대한 풀뿌리 시민들의 절망과 분노였다. 민주당 5인, 국민의힘 2인으로 시작된 8대 과천시의회의 파행은, 개원 초기 민주당 시의원 1인이 개인 스캔들에 대한 당의 징계를 피하려는 목적으로 탈당하면서부터 시작되었다. 무소속으로 활동하던 해당 의원은 이후 국민의힘에 입당했다. 또 1명의 민주당 의원은 총선 시기 탈당하고 민생당에 입당했다가 선거 이후 당세가 약화되자 결국 국민의힘에 입당한다. 여대야소로 시작했던 시의회는 여소야대로 보혁이 뒤집히는 결과를 낳았고 민주당 행정부와 끝없는 마찰을 일으켰다.

과천시의회는 사사건건 갈등하면서 피아를 가르는 방식으로 작동했다. 시민활동가들이 다수 참여하고 있던 마을공동체 활동이나 사회적경제, 문화예술 분야도 도마 위에 올랐다. 이 분야에 대한 예산 삭감과 의회에서의 막말 사태가 지역에 큰 물의를 일으켰다. 무력한 시정과 거칠게 폭주하는 의정에 지친 활동가들 사이에서는 정치에 대한 불만과 선거에 대한 걱정이 터져 나왔다. 거대양당 후보들만 출마하는 선거라면 대체 누구를 찍고 지역정치에 무엇을 기대할 수 있겠느냐는 푸념이었다.

시민후보가 사라진 시의회에서 정보와 소통의 창구만 사라진 것은 아니었다. 상식적 토론과 원만한 행정협조, 건전한 공론장의 형성 등 의회 본연의 기능이 마비되었다는 평가가 나왔다. 시민 의사의 반영을 위해 제도적으로 마련된 공론장인 시의회의 가치와 역할이 절실해졌다.

2018년 선거의 참패와 〈다함〉의 활동부진, 코로나19 사태의 여파로 침체된 시민운동 등 악화된 환경 속에서 과천의 시민사회는 2022 지방선거를 준비할 엄두를 내지 못하고 있었다. 정의당이 가 선거구에 시의원 후보자 1인을 내는 것만 결정된 상태였다. 이 상황에서 과천 풀뿌리의 대표진이 교체되면서 2018년 지방선거 당시 〈다함〉의 시장 후보이기도 했던 A 전 시의원에게 강력하게 출마 권유를 하게 된다. A 전 시의원이 이를 받아들여 출마의향자가 생기자 급박하게 3차 과천 시민선거인단이 조직된다.

"민주당 시의원 5명 뽑아놨더니 그 개판을 치고, 몇 번씩 당적 바꾸는 사람도 있고, '이런 식으로 양대(기성) 정당에 시의회를 맡겨놔서는 안 된다. 의회에 1명이라도 이쪽에서 들어가 균형을 잡아야 한다. 세력을 과시하려는 게 아니라 꼭 필요한 거다'라고 생각을 했어요."

역전의 용사들만 다시 뭉쳤다

2022년 4 · 16 세월호 추모행사 이후 신임 과천풀뿌리 대표들의 강력한 제안으로 후보자가 생겼다. 4월 18일 후보자 지지 시민모임이 열리고 시민후보 추대 여부에 대한 의견을 나누었다. 지방선거일까지 한 달 반 정도를 남긴 늦은 시작이었다.

5월 1일, 115명의 시민선거인단이 온 · 오프라인으로 참여해 시민공천파티를 열고 A 전 시의원을 2022 지방선거 시민후보로 선출한다. 참여자들은 과천풀뿌리 회원이거나 1 · 2차 시민선거인단 참여경험자들이었다. 소식을 듣고 동의한 사람들은 빠르게 결집했지만, 모두 과천에 오래 거주한 주민들이었고 재건축 단지에 입주한 새로운 주민들의 참여는 없었다. 시민선거인단 참여자들 대다수는 자원봉사 활동 등으로 선거운동에 적극적으로 참여했다.

"의원 하면 제일 잘할 사람, 그런 사람이 들어가서 하면 참 좋겠다는 생각이 들었어요. 2018년처럼 많은 사람들이 오겠나 싶은 마음도 좀 있었어요. 이번에도 사실 어려울 것 같았는데… 출마가 쉽지 않잖아요. 그 어려운 일을 하겠다고 나섰는데 내가 나가지는 못할망정 옆에서 명함 한 장이라도 돌려야지 그런 책임감인 거죠."

달라진 과천, 무엇을 할 것인가?

6·1 지방선거에서 시민후보는 12.36%의 득표를 했지만 선거구 내 최하위로 낙선한다. 선거 기간 동안 선거사무실은 지역구 후보 중 가장 많은 자원봉사자로 붐볐다. 그러나 확장력은 제한적이었다. 너무 늦은 출마 결정, 지역구를 옮겨 출마해야 했던 상황, 무엇보다 재건축 아파트의 입주로 새로운 거주자들이 늘어나고 과천의 지역정치에 대한 경험과 이해도가 낮아지면서 선거가 타지역들과 마찬가지로 기성 정당 중심으로 진행된 점 등도 영향을 주었을 것이다.

지역은 변해 있었다. 과천 시민사회를 촘촘히 연결해 주던 자율적 결사체들의 네트워크는 재건축 기간의 대규모 이주, 코로나19 기간의 활동 부진으로 크게 약화되어 있었다. 새로운 입주민들의 무소속 후보에 대한 관심은 낮았다. 선거운동 기간, 재건축 신규 아파트 단지들은 후보의 단지 내 유세를 막아섰다. 유세 중 '당 없는 후보는 힘들다'는 새로운 시민들의 피드백도 많았다. 무엇보다도 부동산 가격 급등기와 맞물려 재건축으로 지역 전체가 부동산 광풍에 휩싸였던 지난 몇 년간의 경험이 지역의 관심과 담론을 부동산과 경제적 사익 추구의 방향으로 돌려놓았음이 분명했다.

2014년 과천 시민선거인단을 모으고 후보를 당선시켰던 시민운동의 강력한 네트워크와 영향력은 줄어들었다. 과천의 시민사회는 다시 과천 신도시가 형성되던 시기와 마찬가지의 상황을 맞았다. 시민세력은 관이 아닌 시민 주도의 지역 공론장 형성과 그것을 가능하게 할 관계망 구축부터 다시 시작해야 할 필요에 처해 있었다.

> "또 하나의 경험을 같이 하면서 좀 더 성숙해졌죠 사람들이. 현실을 좀 깨달았죠. '우리가 이 시대에 맞춰가지 못하고 있구나' 하고요."

Ⅲ. 풀뿌리 시민운동과 지역정치의 만남

1. 과천 시민선거인단 활동의 사회적 의미
2. 풀뿌리민주주의
3. 한국 지역주민운동의 정치참여

Ⅲ. 풀뿌리 시민운동과 지역정치의 만남*

1. 과천 시민선거인단 활동의 사회적 의미

세 차례 활동에서 드러난 성과와 한계를 토대로 과천시민선거인단의 사회적 의미를 정리해 보자. 참여자들이 세 차례의 시민선거인단 과정에서 가장 특징적으로 평가하는 것은 시민선거인단 참여시민 간 결속력과 협력의 강화였다. 시민선거인단 참여자들은 1차의 기억을 가장 강렬하게 가지고 있지만, 2차와 3차의 협력 정도도 마찬가지로 높게 평가하였다. 하지만 선거인단이 지역사회에 미친 영향력과 정치적 의제의 확산력은 시기가 지날수록 뚜렷하게 약화되었다. 재건축으로 지역 여건이 변화되고 조직의 내부 동력이 약화되면서 시민선거인단 세력은 지역에서 가지고 있던 활동력을 점차 상실해 갔고 그만큼의 정치적 헤게모니를 잃게 된 것이다.

---

* Ⅰ, Ⅱ부와 Ⅲ부의 1장 내용은 안수정의 석사논문 「시민활동가들의 지역정치 참여과정에 대한 사례연구」(2023)의 사례를 풀어쓴 것이다. Ⅲ부의 2, 3장은 이론적 배경부분을 옮긴 것이다.

과천 시민선거인단 참여자들은 자신들의 활동에 대해 큰 자부심을 지니고 있지만 아쉬움도 역시 컸다. 그 이유는 다음과 같은 한계를 느꼈기 때문이다. 첫째, 공적 조직으로써의 체계 미비, 특히 정치조직으로써 풀뿌리민주주의 방식의 의사소통체계를 만들어 나가지 못한 데 대한 아쉬움이었다. 정치조직이라고 경직될 필요는 없다. 풀뿌리 공론장은 감정과 적대 등 다양한 에너지를 허용함으로써 생활세계의 이해와 관심을 더 생생하게 드러낼 수 있어야 한다. 하지만 조직이 합당한 권위를 유지하고 합리적 공론장이 작동될 수 있는 수준의 내부적 소통 규율 혹은 정치문화를 정립하는 것은 반드시 필요한 일이다.

과천풀뿌리에는 '동아리 모임 같은' 소통방식으로 지칭된, 가볍고 즉흥적이거나 때로는 거친 소통의 사례들이 있었다. 2차 시민선거인단 과정에서는 조직 문화 간의 차이가 표출되면서 감정적 의사소통이 합리적 논의를 압도하는 현상들이 지적되기도 했고 이에 대한 불만을 표출하는 사례도 있었다. 특정 집단이 자신들에게 익숙하고 편안한 방식으로 소통하면서 의도치 않은 배제를 일으키기도 하였다. 정치는 세력 규합의 과정이다. 포용적이고 합리성을 갖춘 소통 문화의 확립은 확장성을 가진 대중 정치조직으로의 성장을 위해 꼭 필요한 준비일 것이다.

두 번째 한계는 일상을 정치화할 수 있는 정책적 역량의 부족이다. 과천 시민선거인단 참여자들은 대부분 대안적 교육공동체나 생협 등에서 함께 활동해 왔다. 1차 선거인단 시기에는 시민자치에 대한 비전을, 2차 선거인단 시기에는 공동강령을 통해 지역정치의 네 가지 원칙과 네 가지 도시 비전을 제시하고 시장 후보를 낸 만큼 정책공약을 제시하기도 했다. 시민선거인단의 핵심적 주장은 양당 정치의 한계와 대안 세력의 필요성에 맞춰져 있었다는 특징을 지닌다. 이러한 특징이 정책적으로 각인될만한 뚜렷한 비전을 제시하지는 못했다. 작은 정치조직이 가지는 한계일 수도 있고 행정보다는 의회 권력에 속해 시정 견제를 주로 담당했던 것 때문일 수도 있다. 시민선거인단이 무엇을 요구했는지는 이들이 무엇에 저항했는지만큼 뚜렷하지 않다.

과천풀뿌리가 만들어낸 다양한 '활동'들은 시민운동으로서는 의미 있는 성과들이었지만, 정치조직의 '정책'으로 전환되어 소통되기에는 뚜렷한 한계점이 존재했다. 조직의 고유한 이슈들을 정책적 차원으로 변화시키기 위해 과천풀뿌리는 정치학습의 공동체일 필요가 있었다. 그러나 현실적으로는 시민활동의 배후에 있는 정치적 담론을 충분히 활성화해서 과천풀뿌리다운 정책적 요구로 발전시키기보다는, 행정부가 제시하는 각종 정책을 평가하고 이에 저항하는 데 많은 에너지를 소모할 수밖에 없었다. 다만, 이들이 시민참여와 시민자치의 정신을 자신들의 정치과정에서 꾸준히 실천해 나가고자 했던 것만은 분명하다.

세 번째는, 우연성의 한계와 엘리트 중심주의의 위험성에 대한 것이다. 풀뿌리정치 연구자 하승우는 과천시의 풀뿌리 공론장을 분석하면서 '우연성' 측면에서의 한계를 지적한 적이 있다. 풀뿌리 공론장을 통해 토착 리더십이 형성되고 있는 것은 분명하지만 우연성에 의한 교체의 원리가 시행되지 않아 리더십의 범위가 확장되지 않은 채 제한되고 있다는 지적이었다. 우연성이란 정치참여의 방식이 경쟁과 능력 중심의 선거 시스템이 아니라 참여자 누구에게나 동등한 기회로 열려있는 방식을 말한다. 쉽게 말해, 누구든 대표가 될 수 있다는 전제 아래, 제비뽑기처럼 무작위로 대표자를 정하는 방식이다. 토착 리더십을 발휘했던 멤버들은 과천풀뿌리 초기 운영위원 그룹이기도 하다. 지역사회의 수많은 성취와 성과를 만들어낸 주역들이었지만 2006년에 지적되었던 교체의 원리는 2017년까지도 실행되지 못하고 있었다. 하승우는 "우연성이 실현되지 않을 때 능동성은 일정한 수준의 참여 이상을 자극하지 못한다"고 주장했다. 인정 투쟁의 장이기도 한 지역 시민사회에서 더 많은 능동적 참여자를 만들어내는 것보다 활동의 결과적 성취에 집중하게 되면, 친숙하고 일 잘하는 사람들이 책임을 맡는 효율성 높은 실천의 방식이 반복되고 '고정되는 서열을 깨고 가능성의 평등을 확립하며 새로운 정치적인 활력을 자극하는 데' 한계를 가져오게 된다. 우연성에 의한 교체 원리의 중요성은 핵심 그룹들이 과천풀뿌리 내부의 갈등으로 일괄 사퇴하면서 이들을 중심으로 전개되던 많은 활동이 힘을 잃거나 약화되는 결과를 낳은 것으로 증명되었다고도 볼 수 있다.

제도정치에의 도전은 본질적으로 '선거' 참여를 전제로 한다. 그런데 선거에는 '탁월성의 원칙', 즉 선출되는 사람은 선출하는 사람보다 사회적으로 더 탁월해야 한다는 암묵적 전제가 내포되어 있다. 이러한 점을 고려할 때, 시민정치조직은 우연성과 참여의 정신을 지키고자 하지만 자칫 엘리트주의의 함정에 빠질 위험이 크다.

'파프리카' 시기 여성 활동가들은 이러한 문제의식을 공유하며 후보자를 제비뽑기로 정하자는 제안을 하기도 했다. 그러나 실제로 제비 뽑힌 이들이 출마를 거듭 고사하면서 이 방식은 실행되지 못했다. 이후 선거운동과 정치과정을 거치며 오히려 기성 정당들과의 경쟁 구도하에서 점점 '전문성'에 대한 선호가 높아졌고 우연성에 기반한 후보자 선출의 시도는 점점 자취를 감추게 되었다.

3차 시민선거인단의 후보자는 본인이 직접 요청하지는 않았지만, 1·2차 선거인단에서도 후보로 활동했던 인물이었다. 현실적으로 '당선'이라는 목표를 고려하지 않을 수 없었다. 실제로 그렇게 선출된 후보조차도 당선되기 어려웠던 현실은 제도정치의 냉엄함을 보여준다. 전문가, 엘리트, 혹은 경험자에 대한 의존은 풀뿌리 공론장이 특정 인물의 전문성에 의해 압도되거나 엘리트 중심의 의사결정 구조로 기울어질 가능성을 내포한다. 시민선거인단이 애초에 비판했던 기성정치나 기존 정당정치의 한계와도 연결된다. 따라서 시민선거인단이 건강한 풀뿌리 공론장을 유지하고 있는지를 끊임없이 성찰하고, 특정 인물에 대한 의존성을 경계할 필요가 있다.

마지막으로, 과천 시민선거인단의 활동들이 장기적 전망 없이 '시도'의 차원에서 이루어지고 있었음을 되돌아보게 된다. '일단 가볍게' 시도하는 태도는 행동 없는 신중함보다 큰 변화의 가능성을 가진다. '실천'을 강조하는 과천 활동가들의 태도와도 맥을 같이하는 것이다. 선거는 막대한 자원을 소모하는 과정이다. 정치적 현실과 상황이 기민한 대처와 결단을 요구하는 것도 사실이지만, 지역정치 발전을 위한 장기적 안목과 계획이 결여되어 있다면 시민정치의 자산은 축적되지 않고 계속 선거 이벤트 속에 흩어져버릴 수 있다. 출마자들의 선거비용은 기본적으로 개인의 부담이었다. 이를 감당할 수 있었던 중년 이상의 후보자들만이 아닌 청년 정치인의 발굴, 혹은 누구든 대리인으로 나설 수 있는 조건의 형성 등을 고려하고, 향후로도 주민자치적 시민참여 정치를 지역에서 추구하고자 한다면 보다 긴 호흡의 계획을 공론화시킬 필요가 있어 보인다.

2015년 시작된 재건축으로 인해 과천의 도시 환경은 급격하게 변화했고, 2018년 선거 실패 이후 시민참여 세력의 약화도 뚜렷하게 드러났다. 공동체 담론에 익숙했던 세대의 활동 전성기는 이미 지나갔고, 변화된 주거환경과 함께 지역에는 새로운 세대가 등장하고 있다. 대규모 아파트 단지의 문턱 있는 공동체와 새롭게 들어선 주상복합 건물들이 가져올 공간적 변화의 영향력은 아직 다 가늠하기 어렵다. 단절과 함께 새로운 공간 환경과 주민 구성을 갖추게 된 과천의 시민사회가 앞으로 어떤 모습으로 나아갈지도 섣불리 예측하기 힘들다.

이러한 분위기 속에서 지역 정당의 허용이나 민주시민교육의 제도화와 같은 제도적 변화가 시민참여 정치의 길을 열어줄 수 있을지, 아니면 그보다 먼저 기존 시스템에 균열을 낼만한 새로운 운동의 성과가 나타날지 역시 미지수다. 분명한 것은, 과천에는 여전히 적극적인 참여의 경험과 기억을 가진 시민들이 많이 남아있다는 점이다. 과거 전성기만큼의 규모는 아니지만, 이들은 여전히 규모에 연연하지 않고 함께 모이기를 멈추지 않고 있다. 크든 작든 꾸준히 모여 일상과 정치에 대한 이야기를 나누며 공론장을 이어가고 있다.

이 작은 공론장은 때로는 반복되는 얼굴들에 대한 푸념이나 멋쩍음을 담기도 하지만, 여전히 지역정치의 중요성을 이야기하고 의미 있는 새로운 그룹을 만나면 기꺼이 연대할 투지를 보인다. 참여의 아름다움과 함께 변화를 만들어가는 힘을 경험했기에 이들은 멈출 수 없다. 그리고 지금 이 순간에도 '계속 앞으로 나아가자'고 손을 내미는 이웃들이 지역에 존재하고 있다는 사실이 과천의 희망이다.

2. 풀뿌리민주주의

풀뿌리민주주의는 하나의 완결된 규범적 이론이라기보다는 현실에서 작동하고 있는 실천적 · 운동적 성격이 더 강조된 개념이다. 참여민주주의나 직접민주주의와 동일한 개념으로 이야기되기도 한다. 현대 참여민주주의는 1960년대와 1970년대 초 서구 복지국가 체제가 황금기를 지나 위기국면으로 나아갈 당시 중앙집권적 복지국가나 국가사회주의에 심대한 결함이 있다고 주장하면서 다중의 직접 참여가 실현될 수 있는 새로운 민주정치형태를 추구하기 시작한 신좌파(New Left) 세력에 의해 부각되었다(김비환, 2004). 이는 민중(demos)의 지배(kratos)라는 고대 직접민주주의의 이상이 현대사회에서 그대로 실현되는 것은 어렵지만, 규범적 차원에서라도 그 핵심적 측면이 여전히 옹호되어야 한다는 생각에도 근거하고 있다(Pateman, 1970). 대의민주주의는 시민의 결정권을 대표에게 양도하여 권리를 간접적으로 행사하는 방식이기 때문에 자율성이 언제든 침해될 가능성이 있다. 시민들에게는 민주적 자율성을 실현하기 위해 평등한 구성원으로서 집단적 의사결정에 참여할 수 있는 권리가 보장되어야 하며 참여민주주의가 구체적인 방법으로(Pateman, 1970) 주목되었다.

풀뿌리민주주의는 대의제 민주주의의 한계를 극복하려 하기 때문에 시민의 참여를 확대하고 정치의 주체를 넓히려 한다. 그러므로 직접민주주의의 도입과 기성정치에서 소외된 사람들이 정치에 참여할 수 있는 통로의 형성을 핵심과제로 삼는다. 따라서 풀뿌리민주주의의 작동을 위해서는 직접적 참여의 제도화와 함께 토론할 수 있는 공론장의 중요성이 부각된다.

공론장이란 지역공동체의 담론이 공동 사안에 대해 발언할 수 있는 모든 이들에게 원칙적으로 열려있는 장소이다. 그 결과 담론의 성격은 항상 논쟁적이며 불일치의 가능성이 상존한다. 그럼에도 이 공간은 집단행동과 자제의 전제조건인 자발적 · 비판적 의사소통을 형성하는 유일한 공간이다. 공론장을 구성하는 공중은 개방성과 비상시성을 생명으로 한다. 개방성이란 공중이 특정 집단이 아니라는 것이고, 비상시성이란 특별한 쟁점이 없는 한 구성원 상호간 상시적 연대가 존재하지 않는다는 것을 의미한다. 공론장이란 본질적으로 일시적인 장소로 참여민주주의의 현실적 토대가 된다고 본다(주선미, 2003).

사회에서 무엇이 '공적인 것'인가를 둘러싼 의미 형성의 방식과 내용에 있어서 공론장 개념에 내재된 '구속성'에도 주목할 필요가 있다. 첫째, 공론장은 공공성이 국가나 특정 체제에 귀속되는 것을 의미하는 개념이 아니라는 점이다. 공론장은 공적 권위에 사적 영역의 목소리를 매개하고자 하는 운동을 담는 그릇이라고 말할 수 있기 때문이다. 둘째, 공론장은 시민적 인간에 의해 이루어진다. 시민적 인간은 공적 권위에 포섭되어 개체성 개념이 없거나 그것을 상실한 채 살아가는 인간을 의미하는 것도 아니다. 그렇다고 해서 사적 이해관계에 의해서만 동기부여 되는 원자화된 개체를 의미하는 것도 아니다. 공적인 것에 관한 관심을 매개로 개체성을 보장할 수 있는 규범과 사회적 관계망을 만들고 그것에 의거해 스스로 통합을 이루어 내는 것이 공론장을 구성하는 시민의 정체성이라 할 수 있다(김기성, 1999).

아렌트(Arendt, 2019)는 '공론장(public realm)'을 인간의 발언과 행위를 통해 서로를 드러내고 관계를 맺는 가운데 생기는 영역으로 규정한다. 공론장은 상이한 관점들이 공존하면서 다원적 시민성이 실현되는 공동의 세계이다. 사적 이익의 극대화를 위해 서로 경합하고 차별화하려는 공간이 아니고, 고대의 폴리스와 같이 '더불어 말하기'가 실현되는 공간이라고 본다. 하버마스(Habermas, 2004)는 '공론장(public sphere)'을 여론과 같은 것이 형성되는 사회적 삶의 영역으로 규정한다. 즉, 공론장은 공적 문제에 관한 토론이 생기는 곳이라는 것이다. 하버마스는 역사적 맥락에서 공론장의 연원을 살펴보면서 봉건 권력이 해체되고 만들어진 '부르주아 사회'에 주목했다. 자본주의가 탄생시킨 부르주아 계층들은 커피하우스나 살롱에 모여 정보를 주고받으면서 자연스럽게 사적인 것에서 출발해 공동의 이익에 대한 논의에 이르게 되었다. 하버마스의 공론장은 생활세계 속 시민들, 시민과 결사체들, 결사체들 사이의 합리적 의사소통을 가능케 하는 영역으로 자발적인 공적 의견 및 의지 형성의 공간이다. 정치권력의 정당성은 생활세계에 기반을 둔 공론장의 지지 없이 확보될 수 없다. 그러나 이는 공론장에서 형성된 의사소통 권력이 행정 권력을 대체하는 것을 의미하지는 않는다. 의사소통적 권력은 법적 형식을 통해서만 행정 권력으로 변환된다(Habermas, 2007). 생활세계의 공론장에서 시민들은 제약 없이 의사소통할 수 있지만, 사회 권력의 구조적 폭력이나 왜곡된 의사소통에 노출될 수도 있기 때문에, 비공식적 여론을 통해

서만 민주적인 의견형성에 기여해야 한다고 본 것이다(하승우, 2006). 코헨과 아라토(Cohen. & Arato. 2013)는 하버마스의 체계-생활세계 구분모델을 받아들여 국가, 경제, 시민사회의 삼분모델을 정식화하고 시민사회가 국가의 법적·제도적 개혁을 지향하는 적극적인 목표를 가지고 있지만 다른 영역의 자율성을 해치지 않는 범위 내에서 영향력의 정치를 행사하는 자기제한적 급진주의(self-limiting radicalism)에 머문다고 보았다. 이들은 시민사회가 '영향력의 정치'를 통하여 자신의 독립적 지위를 보존하고 국가에 대한 대항 헤게모니를 구축할 수 있다고 보았다(박상필, 2004).

장명학(2003)은 하버마스의 **공론장** 이론이 대중의 정치적 무관심과 권력의 엘리트 편중 현상을 해소하고 대의정치가 간과하기 쉬운 민감한 사회적 내용을 처리하도록 영향력을 행사한다는 면에서 대의민주주의의 취약점을 보완한다고 평가했다. 그러나 장은주(2000)는 하버마스의 공론장 이론이 사회의 정치적이고 경제적인 과정 모두를 '자기 지배'의 이념에 따라 시민들 자신이 통제할 수 있어야 한다는

Tip 공론장(public sphere)

사회적 이슈나 주제를 선정해 진행되는 포럼처럼 공개적이면서도 자유롭게 공적 토론이 이루어지는 공간을 의미한다. 공론장에서의 토론은 공동체 구성원 간 상호 소통이 이루어지는 것을 의미하며 소통의 과정이자 결과가 사회적 통합이다. 국민으로부터 주권이 위임되는 국민주권 국가에서는 정치적 지배를 정당화시킬 수 있는 공간이 공론장이다.

민주정치의 가장 중요한 요소를 포기하게끔 강요하고 있다고 비판한다. 하버마스의 공론장 이론이 가지는 참여적 가치에 대한 서로 다른 평가인 것이다. 하버마스의 공론장 개념이 국가 단위로 상정되는 것에 영향받은 것일 수 있다. 반면, 하승우(2006)는 공론장의 활성화가 더욱 필요하고 활성화의 가능성 수준이 높은 영역을 풀뿌리 차원이라고 본다.

풀뿌리 공론장은 제도화되지 않은 생활영역에 주목한다. 개인과 사회를 이분법적으로 구분하지 않으며 이성뿐만이 아니라 감성의 중요성을 받아들인다. 생활영역에서 생겨나는 욕구와 갈등을 토의로 풀어가려 한다는 점에서 공론의 장에 정치적인 성격을 접목하는 것이다. 풀뿌리민주주의 활동에서는 목표를 달성하는 것만이 아니라 목표에 다가서는 과정도 중요하게 고려된다. '어떤 결정을 내렸는가'만큼 중요한 점은 '어떤 과정을 통해 그 결정에 이르렀는가'이기 때문에 직접행동을 통한 생활정치는 수단과 목적을 분리하지 않는다. 사회를 바꾸겠다는 목적만큼 중요한 것은 관심을 넓혀가며 자신의 한계를 극복하고 세상을 알아가는 과정이다. 활동가의 그런 변화만이 새로운 사회로 이행하기 위한 힘이자 변화를 지속시키는 활력이기 때문이다(하승우, 2006). 즉, 제도화되지 않은 생활영역을 포괄하고 있는 지역의 풀뿌리 공론장은 생활세계의 생생한 욕구를 담고 시민의 '자기 지배' 이념을 더 직접적으로 실현할 수 있는 장이 될 수 있다.

풀뿌리민주주의는 참여과정을 통해 시민들을 책임감 있는 정치적 주체로 만드는 교육적 가치를 긍정한다는 측면에서도 대의민주주의와 다른 입장이다. 김영인(2003)에 의하면 엘리트 민주주의와 참여민주주의의 큰 차이는 시민의 정치참여가 교육적으로 효과를 보이는 것에 대해 긍정적으로 바라보는가 여부이다. 개인별 속도의 차이는 있겠으나 정치참여 경험에 의한 시민성 함양의 가능성은 현실적으로 부정되기 어렵기 때문에, 이를 긍정하는 참여민주주의의 관점이 더욱 설득력 있다고 주장한다. 인간 이성에 대한 신뢰는 근대 이후 형성된 민주주의의 일관된 전제이다. 시민의 정치참여는, 첫째, 비물질적 · 공익적 동기와 이유에 의해 이뤄지기도 하며, 둘째, 토론을 통한 의사소통과 성찰의 과정에서 관용과 법의식, 효능감 등의 시민성을 함양시킬 수도 있기 때문이다.

페이트만(Pateman, 1970)은 루소를 인용하며 참여의 핵심 기능은 교육으로, 참여는 넓은 의미에서 교육의 기능을 담당한다고 했으며, 밀(Mill) 역시도 대중적이고 참여적인 제도들의 맥락 내에서만 공공정신으로 충만한 '능동적' 유형의 성격이 형성된다고 했다고 말한다. 페이트만은 "지방정부와 작업장에서 참여가 가지는 교육적인 효과에 대한 밀의 주장은 '더 낮은 수준의' 모든 권위구조 또는 정치체계에서 참여가 갖는 효과를 포함하는 것으로 일반화될 수 있다(Pateman, 1970)"고 한다. 페이트만은 참여의 중요한 기능은 '민주적 기술 및 절차를 습득하는 가장 포괄적인 교육 기능'이라고 주장한다(Pateman, 1970).

참여는 공동체에의 결속의식을 높이는 사회통합적 효과를 낳기도 한다. 바버(Barber)는 참여를 통한 자기 자신의 변화 가능성, 공동체의 변화 가능성, 시민적 정체성을 형성하는 교육성, 시민의 협동적 의사결정의 가능성을 강조한다. 참여민주주의는 시민들이 공동체 참여를 통해 정치적 주체로 성장하도록 하는 데 관심을 두고 있다. 일상생활을 정치화해서 시민의 자율성과 공공성을 확보하고 민주주의를 심화 확장하려는 것이다. 참여란 타자와 함께 '우리'에 대해 생각하며 공적으로 생각하는 것을 배우는 계기이다(Barber, 1984).

주성수(2005)는 영·미와 유럽에서 시행된 다양한 직접민주주의 제도의 사례들과 지역민주주의의 복원 정책 사례들을 소개하면서 부작용도 함께 짚고 있다. 직접민주제가 대의민주제의 '민주주의 결손'을 치유하는 보완적 처방이지 그것을 대체하는 대안은 아니라는 것이 합의된 원칙임을 강조한다. 민주주의 개혁은 대의민주제도에 직접적·참여적·심의적 제도들이 통합되는 방식, 즉 대의제의 보완이어야 한다는 것이다. 반대로 하승우(2006)는 참여민주주의나 풀뿌리민주주의 모두 대의민주적인 제도 틀을 이용하지만, 참여민주주의가 대의민주주의의 심화와 보완을 추구하는 데 비해, 풀뿌리민주주의는 대의민주주의의 극복을 과제로 삼는다는 것을 강조한다. 당장은 아니더라도 주민 역량의 강화와 함께 완전한 자치를 지향해 갈 수 있다는 것이다. 이는 풀뿌리민주주의의 자치 운동적 성격을 더욱 강조하는 것으로 보인다. 대의제 민주주의의 불가피성을 인정하면서도 궁극적 지향과 강조점은 매우 다르다.

풀뿌리민주주의를 운동적 성격에서 바라보는 이호(2005)는 '풀뿌리'를 일반적 대중인 '민초(民草)', 즉 '특별히 권력을 지닌 자와 반대되는 일반 대중'을 의미하는 것으로 본다. 풀뿌리 운동은 권력을 갖지 못한 일반 주민 대중이 특정한 지역에서 자신들의 생활 변화를 통해 사회를 변화시켜 나가고자 하는 운동이라는 것이다. 지역의 정치를 제도화된 정치영역과 대중적 정치세력화 영역으로 나누어 보았을 때 엘리트에 의한 대의제의 실패가 지역사회에서도 반복될 수 있고, 대의제를 넘어선 직접적이고 참여적인 주민자치의 지향이 풀뿌리운동의 목표가 될 수도 있다. 그러기 위해서는 주민들의 일상적 활동을 통한 정치세력화가 반드시 바탕이 되어야 함을 강조하고 있다. 고정된 체제가 아닌 역동성을 지닌 과정으로 민주주의를 파악하고 풀뿌리민주주의의 중심 가치가 주민 대중의 활동적 참여와 세력화에 있어야 함을 강조한 것이라 볼 수 있다.

풀뿌리민주주의는 생활정치의 한 범주인 지역적 생활정치운동으로 소개되기도 한다. 조대엽(2014)은 '생활정치'의 본질을 후기 산업사회의 개인들이 일상적 삶과 관련된 이슈를 통해 자아정체성을 확장하고 실현하는 정치적 과정으로 파악하고, 생활정치의 주요 범주로 현장적 생활정치운동, 지역적 생활정치운동, 국가적 생활정치운동, 지구적 생활정치운동을 들고 있으며 지역적 생활정치운동을 풀뿌리운동과 혼용하여 사용하고 있다. 따라서 풀뿌리민주주의를 지역성을 중심에 둔 생활정치 논의로 보아도 무방할 것이다.

풀뿌리민주주의를 단일한 이론으로 규정하기는 어렵지만 지역을 중심으로 대의민주주의의 한계를 직접적으로 극복하려는 운동적 성격이 두드러진 시민 참여민주주의를 의미하는 것으로 볼 수 있다. 다시 말해, 권력 밖에 있던 일반 시민들이 자기 목소리를 내며 제도화되지 않았던 생활영역의 문제들까지 적극적으로 공론화하고 정치적인 것으로 만들어가는 진정한 주민자치 지향의 역동적 과정의 민주주의인 것이다.

3. 한국 지역주민운동의 정치참여

한국 지역주민운동의 역사는 산업화와 함께 농촌 인구가 도시 저임금 노동자로 편입되던 1960년대 말로 거슬러 올라간다. 1970~1980년대 지역운동은 도시빈민운동을 주축으로 철거투쟁 등을 거치며 조직화되어 갔다. 당시는 지역주민의 조직화를 돕기 위해 조직가들과 학생운동 참여자 등이 지역으로 들어가 지역민들의 '조직화'를 돕는 형태로 진행되었다. 1989년에 도시빈민'지역'운동이 등장하였으나 1990년대 중반에 이르면 재개발이 급격히 진행되면서 도시빈민지역 자체가 사라져버리게 되었다. 1990년대부터는 지역 생활의 필요를 중심으로 한 주민운동이 적극적으로 전개되었고 중앙시민운동의 활성화와 함께 지역의 시민운동 조직들도 늘어났다. 2000년대 들어서는 중앙 시민운동의 영향력이 급격히 약화되면서 오히려 지역의 풀뿌리운동에 대한 기대가 높아지기도 하였다(이호, 2017).

도시공동체를 중심으로 한 지역주민운동의 흐름을 정규호(2012)는 다음과 같이 시대별로 유형화하였다. 1960~1970년대에는 도시민들의 빈곤 해결과 자활과 자립을 돕기 위한 '적응형' 도시공동체운동, 1980년대에는 도시 재개발과 강제철거로부터 주거 생존권을 지키려는 '저항형' 도시공동체운동, 1990년대에는 삶의 질과 참여에 대한 시민들의 높은 관심을 바탕으로 생활세계를 지키기 위한 '방어형' 도시공동체운동, 1990년대 후반에 이르러서는 도시민들의 정주 의식과 경제적 자립을 높이기 위한 '창조형' 도시공동체운동 등으로 구분된다.

사회를 발전시키기 위한 지역주민들의 활동 전반이 정치적 참여의 성격을 가진다는 의미에서 지역정치의 문제를 제도정치의 영역에 한정 지을 수는 없다. 제도정치에 진출하거나 영향을 주려는 시민사회의 움직임 또한 지속적으로 있었던 만큼 참여 양상을 간단히 정리해 보면 다음과 같다.

1991년 지방의원 선거의 부활을 계기로 1990년대 내내 시민사회운동단체들은 '인물론', '자질론'을 중심으로 시민운동가들을 지역 제도정치에 진출시키고자 노력하였다. 그러나 결과는 성공적이지 않았다. 당시 지방선거 결과는 주로 지역에 기반을 둔 토호세력의 당선으로 끝났다. 이는 대부분의 시민운동 후보들이 지역사회에서 주민과 밀착한 운동을 해오지 않았기 때문이며, 당선된 소수의 운동가가 지역주민들과 함께 지역에서 생활밀착형 운동을 오랫동안 해온 사람들이었다는 사실도 이 점을 분명히 해준다(이호, 2017). 1995년 제1회 전국동시지방선거와 1998년 제2회 선거 결과를 놓고 보면 시민운동의 독립적인 정치세력화는 쉽지 않고, 이 시기 시민운동세력의 지방정치 참여 움직임 자체가 후퇴하였다(박재묵, 2000)고 평가되기도 한다.

2000년대 들어서는 '깃발론'이 반향을 일으키며 시민사회운동 진영의 독자적 정치세력화 필요성이 강조되었다. 그러나 실제로는 범개혁세력의 정치권 진출을 꾀하는 방향으로 선거 참여가 이루어지면서 시민운동가들이 기성 정당 후보로 선거에 나선 경우가 많았다. 이런 연대의 결과로 고양시의회에서는 시민단체지지 후보가 의회의 1/3을 차지하는 성과를 거두기도 했다. 그러나 이 시기도 일반 주민들의 정치력 강화를 위한 풀뿌리운동 전략은 찾아보기 힘들었고, 지지 후보의 당선에만 관심이 집중되어 있었다. 그나마 이런 성과는 2006년 정당공천제가 도입된 이후 사라지게 되고, 지방선거에는 기성 정당들의 영향력이 압도적으로 작용하게 된다(이호, 2017). 지역정치는 민주화의 결실로 주민자치의 꿈을 안고 부활되었으나 결국 중앙정치에 예속되는 결과로 돌아온 것이다.

지역주민운동의 정치참여에 관한 선행연구들을 살펴보면 주로 지역의 구체적 사례를 통해 다루어지게 되는데, 여기에는 지역개발 관련 주민 여론형성부터 선거 출마를 통한 직접적 제도정치 참여까지 폭넓은 내용이 포함된다. 공론장이나 사회적 자본, 자발적 결사체의 역할을 다루거나, 제도정치 참여결과의 분석을 통해 접근하기도 한다.

지역 공론장의 역할과 관련된 연구로, 주선미(2002)는 고양시 러브호텔 건립저지 운동을 사례로 지역정치 상황, 공론장의 형성, 공론장의 작동, 의사소통의 정도, 의사소통의 효과 등의 차원으로 나누어 공론장과 지방정치와의 관계를 분석하였다. 이다현(2017)은 대전시 서구 관저동의 사례를 통해 생활세계의 식민화에 저항하는 마을공동체의 사회적 자본과 공론장의 역할을 보여주고 있다.

최경애(2008)는 안산과 일산이라는 수도권 신도시의 사례를 들어, 도시의 건설 목적에 따라서 그 사회적 조건이 뚜렷하게 차이를 보이게 되며, 지역주민운동의 성격도 영향받음을 보여준다. 송재영(2021)은 군포 시민운동의 사례를 통해 전통적 민주화운동과 주민자치운동이 분리되지 않고 상호지원을 통해 시너지 효과를 내면서 다양한 자치적 네트워크를 구성하는 것을 보여준다.

제도정치와 관련된 사례로, 이병기(2015)는 종로구 지역정치 주도세력의 형성과 변천을 다루었는데 풀뿌리 정치를 제도적 지방자치로 보고, 그 과정에서 지역의 풀뿌리 정치가 어떻게 지역의 계층 간 갈등과 모순을 해소하고 지역 민주주의 형성에 기여하는지를 살펴보았다. 김대영과 장혜영(2020)의 연구는 과천과 마포구 성미산 공동체의 시민정치참여 패턴을 비교하고 있다. 두 지역은 정당공천제 이후 무소속 시민후보의 출마가 줄어드는 과정에서도 꾸준히 시민후보를 배출한 지역으로, 각각의 시민사회가 지역 확장적 의제 혹은 폐쇄적 의제를 내세웠을 때 다른 결과를 낳은 것으로 파악하고 있다. 성미산의 경우 2014년 제6회 전국동시지방선거에서 3명의 무소속 후보가 출마하였고, 2016년에는 제20대 국회의원 선거에서 경선참여를 했으나 실패했다. 실패 이후 직접 시민후보를 내보내는 방식을 그만두고 서울시 마을공동체 사업정책과의 협업으로 방향을 전환했는데, 이는 과천과 비교하여 지역정치참여의 가능성이 거버넌스라는 창으로 열려있는 지역과 아닌 지역의 비교로도 읽힐 수 있다. 박재호와 황재준(2020)은 과천의 시민운동과 지방선거 결과를 연결시켜 지역정치의 흐름을 분석 검토하였다. 도시 형성기부터 2018년까지의 과천시민정치를 세 시기로 나누었고, 특히 지역정치 개편기(2010~2018) 특징 중 하나를 시민운동세력의 이해관계자화로 평가한다.

권효림(2015)은 마포구 성미산 공동체의 정치결사체인 **마포파티**를 사례로 마을공동체 만들기의 결사체주의적 의의를 다루었다. 마을공동체 만들기 활동은 시민사회에서 시작한 것이지만 관과의 거버넌스를 거치며 운동의 동력이 행정 실적으로 편입되는 과정에서 주도적 관계가 뒤바뀌는 현상을 보여준다. 거버넌스 시기를 거치며 탈정치화했던 지역운동의 잃어버렸던 주도권과 '틀 짜기' 권한 회복 운동을 결사체의 '재정치화'로 보았다. 마포파티는 생활정치와 제도정치를 유의미하게 연계시키는 전략으로 대리인 운동을 추구하였으나 정치자원동원과 실현 가능성 부분에서 한계를 드러냈다고 평가하였다.

Tip 마포파티

마포파티는 2014년 6 · 4 지방선거를 앞두고 서울 마포구 주민들이 결성한 생활정치 조직이다. 성미산 공동체 주민, 시민활동가, 망원시장 상인, 협동조합 활동가 등이 모여 '주민이 만드는 생활정치, 즐거운 참여정치'를 내걸고 구의원 후보 4명을 추천했다. 후보들은 주거권, 복지, 협동조합 등 생활밀착형 의제를 중심으로 활동해 온 인물들이었으며, 세비 일부 환원 · 의정활동 투명화 · 주민 소환 수용 등을 주민과 약속했다. 결과적으로 제도정치 진입에는 실패했지만, 과천풀뿌리와 더불어 풀뿌리 민주주의와 지역정당 가능성을 보여준 사례로 평가할 수 있다.

성미산 공동체는 공동육아가 커뮤니티 형성에 핵심적인 역할을 하는 지역인 만큼 커뮤니티의 형성 동기나 과정, 활동방식에 있어 과천 시민사회와 큰 유사성을 보여준다. 다만, 과천은 지방자치제 도입 초기부터 꾸준히 시민후보를 제도정치의 현장인 시의회에 들여보내는 방식으로 지역정치와 관계 맺어 왔다는 점에서 차이를 보인다. 정치적 효능감이 두 지역의 서로 다른 선택을 만들었다는 점에 초점을 두고 비교해 볼 수 있을 것이다. 서울시 거버넌스와 관련하여 김대영(2022)은 마포와 도봉의 마을공동체 사업을 비교하고, 관 주도의 '초대된 공간'인 거버넌스 사업에서 어떤 조건들이 더 영향을 미치는지, 그것이 시민참여에 어떤 영향을 주는지를 밝혔다.

박선미와 황한식(2017)은 부산분권혁신운동본부가 수행한 지방선거 정당공천제 폐지 운동 사례를 토크빌의 '결사의 기술'에 근거해 사회자본 구축의 각 단계에서 자발적 결사체가 수행한 역할 및 기능으로 분석하였다. 망원시장 상인회에 대한 김현종(2018)의 연구는 자발적 결사체의 형성과 시민운동으로의 발전, 그를 통한 시민성 향상의 교육적 효과를 다루고 있다.

시민단체의 참여방식에 관한 해외 사례와의 비교로 김영래(2005)의 연구가 있는데, 이는 캐나다의 시민단체와 우리나라의 중앙 시민단체를 비교한 것이다. 한국은 중앙집중적, 캐나다는 지방분권적이었고, 구체적 정치참여 행동 양식의 차이로는 한국은 비상례적 참여를, 캐나다는 공개적 · 합리적 · 상례적 참여를 중심으로 했다. 또한 한국은 엘리트들의 주도에 따라 정치권력화 현상이 심해지는데, 캐나다는 특별한 관련 쟁점이 없으며 이는 오랜 정치적 전통 속에서 시민사회와 정치권력 간 상호 교류가 이루어졌기 때문으로 설명하고 있다.

참고문헌

과천시지편찬위원회 편(2007). 과천시지 1.2.3.4.5.6.7. 과천 : 과천문화원.

권효림(2015). 결사체 민주주의 관점에서 본 '마을공동체 만들기'의 탈정치화와 재정치화. 연세대학교 대학원 국내석사학위논문.

김기성(1999). 시민자치와 「정치적인 것」의 변화. **한국정치학회보**, 33(2), 157-178.

김대영(2022). 협력적 거버넌스를 통한 지역 시민사회의 정치참여 분석. 중앙대학교 대학원 국내석사학위논문.

김대영 · 장혜영(2020). 지역 시민사회 정치참여 행태에 관한 연구 : 과천시와 마포구 성산동 지역 비교 사례. **담론 201**, 23(2), 7-42.

김동근(2007). 시민운동의 전개. 과천시사편찬위원회 편, **과천시지 4**. 과천 : 과천문화원.

김비환(2004). 참여민주주의와 의회정치 : 참여민주주의의 정의(定義)와 이론. **의정연구**, 17, 5-32.

김영래(2005). 한국과 캐나다의 시민사회단체의 정치참여 비교 연구. **시민사회와 NGO**, 3(1), 111-144.

김영인(2003). 정치참여에 대한 두 가지 관점 고찰. **시민교육연구**, 35(1), 39-68.

김현종(2018). 자발적 결사체 참여를 통한 시민성 형성. 한국교원대학교 대학원 국내석사학위논문.

김혜인(2015). [일본편 : 가나가와 현 히라즈카 시와 후지사와 시 '네트워크운동'] 생협에서 시민 대리인으로 하는 생활정치_스스로가 주인이 돼 행동하는 생활인 만들기가 목표. **월간 주민자치**, 44, 92-96.

민주화운동기념사업회(2003). **민주시민교육의 개념과 쟁점**. 서울 : 민주화운동기념사업회.

박상필(2004). 시민사회론의 한국적 적용과 변용. **NGO 연구**, 2(1), 99-137.

박선미 · 황한식(2017). 지역 단위 사회자본 구축에 있어서 자발적 결사체의 역할과 기

능 : 지방선거정당공천제 폐지를 위한 부산분권혁신운동본부 활동(2007~2014)을 중심으로. **NGO연구**, 12(2), 45-94.

박재묵(2000). 한국 시민운동의 정치세력화 전망 : 환경운동연합과 대전지역 시민운동단체의 지방선거 참여 사례를 중심으로. **한국사회과학**, 22(1), 69-92.

박재호 · 황재준(2020). 도시공동체의 정치과정-과천시민운동 사례를 중심으로. **도시와 빈곤**, 116(0), 1-23.

송재영(2021). 한국형 자치민주주의의 발전 경로와 실천. 성공회대학교 일반대학원 국내박사학위논문.

송준규(2012). 부모됨 · 이웃됨 · 시민됨. 서울대학교 대학원 국내석사학위논문.

이다현(2017). 풀뿌리공론장을 통한 생활세계의 저항과 확장. 忠南大學校 大學院 국내석사학위논문.

이병기(2015). 지방자치 주도세력 형성과 변천에 대한 연구. 국민대학교 대학원 국내박사학위논문.

이 호(2005). 풀뿌리운동과 지역정치운동. **도시와 빈곤**, 74, 92-114.

______(2017). **풀뿌리운동, 새로운 복원**. 서울 : 포도밭출판사.

장명학(2003). 하버마스의 공론장 이론과 토의민주주의. **한국정치연구**, 12(2), 1-35.

장은주(2000). 시민사회의 비판적 잠재력. **哲學**, 64, 247-271.

정규호(2012). 한국 도시공동체운동의 전개과정과 협력형 모델의 의미. **한국학**, 35(2), 7-34.

조대엽(2002). 한국의 사회운동세대. **386 계간 사상**, 125-147.

______(2014). 생활정치패러다임과 공공성의 재구성. **현상과 인식**, 38(4), 131-156.

______(2015). **생활민주주의의 시대**. 경기 : 나남출판.

주선미(2002). 공론장과 지방정치. 이화여자대학교 대학원 국내박사학위논문.

______(2003). 공론장의 정치사회적 함의. **한국사회와 행정연구**, 14(1), 221-240.

최경애(2008). 수도권 신도시 지역주민운동의 형성과 변화에 관한 비교 연구. 성균관대학교 대학원 국내박사학위논문.

하승우(2006). 풀뿌리 공론장에 대한 이론적 고찰. 경희대학교 대학원 국내박사학위논문.

Alinsky, S. D.(2008). **급진주의자를 위한 규칙**. 박순성 역. 서울 : 아르케.

Arendt, H.(2019). **인간의 조건**. 이진우 역. 경기 : 한길사. (원저는 1958년 출간)

Barber, B.(1984). *Strong Democracy: Participatory Politics for a New Age.* Berkeley : University of California Press.

Cohen, J., & Arato, A.(2013). **시민사회와 정치이론 1, 2.** 박형신 · 이혜경 역. 경기 : 한길사. (원저는 1992년 출간)

Habermas. J.(2004). **공론장의 구조변동.** 한승완 역. 경기 : 나남출판. (원저는 1962년 출간)

__________(2007). **사실성과 타당성.** 박영도 · 한상진 역. 경기 : 나남출판. (원저는 1992년 출간)

Mill, J. S.(2018). **자유론.** 서병훈 역. 서울 : 책세상. (원저는 1859년 출간)

Pateman, C.(1970). *Participation and Democratic Theory*, Cambridge : Cambridge University Press.

Putnam. R. D.(2016). **사회적 자본과 민주주의.** 안청시 역. 서울 : 박영사. (원저는 1994년 출간)

저/자/소/개

■ 안수정

과천의 평범한 시민으로 지내다가 2015년, 공동육아와 관련된 지역 갈등을 겪었다. 정치의 난맥상이 시민의 일상을 피폐하게 만들수 있음을 경험하고 조금씩 정치적 각성을 하게 되었다. 제7회 전국동시지방선거에 과천시의원 후보로 출마했다가 낙선자가 되기도 했다. 민주시민교육 관련 연구를 위해 한국방송통신대학교 사회복지학과 대학원에서 공부하고 석사학위를 받았으며, 현재 동대학 사회복지연구소 연구원으로 재직하고 있다.

■ 강상준

한국방송통신대학교 부교수로 재직 중이며 공정성과 평등, 불평등과 분배정의 등 복지인식과 복지태도를 기반으로 한 연구에 집중하고 있다. 사회권과 노동권을 교육조직화로 담아내어 지역사회의 실천활동으로 연결시키기 위한 방안도 모색한다. 대표적인 연구로는 〈복지직공무원의 복지태도가 공공전달체계 성과요인에 미치는 영향 연구〉, 〈20대 대통령 선거 유권자는 복지확대와 축소 중 무엇을 선택하였는가〉, 〈청년세대 상대적 박탈감에 관한 연구〉 등이 있다. 주요 저서로는 『산업복지론』, 『행복계약을 맺은 사람들』 등이 있다.

연대하는 시민의 정치참여

과천 시민선거인단 이야기

|공저자| 안수정 · 강상준
|1판 1쇄| 발행 2025년 10월 30일
|발행인| 김 동 훈
|발행처| 공 동 체
|주소| 경기도 고양시 일산동구 호수로 358-39 동문타워Ⅰ 905호
|전화| 031) 814-3000(대표)
|팩스| 031) 814-3100
|홈페이지| www.compub.co.kr
|전자우편| compub@naver.com
|출판등록| 2005년 10월 6일
|등록번호| 제396-2005-36호

|ISBN| 979-11-6725-998-1
정가 13,000원